504

Merve Verlag

Ray Brassier

Logiken der Entfremdung

Aus dem Englischen übersetzt von Carla Cerda

Merve Verlag

Deutschsprachige Erstausgabe

Textnachweise

Dialektik von Zweifel und Vertrauen | »Dialectics Between Suspicion and Trust«, in *Stasis* 2016, Jg. 4, Nr. 2, S. 98-113.

Der Mensch | »The Human«, unveröffentlicht.

Konkrete Regeln und abstrakte Maschinen. Form und Funktion in *Tausend Plateaus* | »Concrete Rules and Abstract Machines. Form and Function in *A Thousand Plateaus*«, in: Henry Somers-Hall, Jeffrey A. Bell, James Williams (Hg.), *›A Thousand Plateaus‹ and Philosophy*, Edinburgh 2018, S. 260-279.

Die Logik der Entfremdung | »Strange Sameness. Hegel, Marx and the Logic of Estrangement«, *Angelaki*, Journal of the Theoretical Humanities, Jg. 24, Nr. 1, 2019, S. 98-105.

Korrelation, Spekulation und die modale Kant-Sellars These | »Correlation, Speculation, and the Modal Kant-Sellars Thesis«, in: Fabio Gironi (Hg.), *The Legacy of Kant in Sellars and Meillassoux. Analytic and Continental Kantianism*, New York 2018, S. 67-84.

Die Übersetzung wurde durch das Förderprogramm »extensiv initiativ« des Deutschen Übersetzerfonds aus Mitteln der Beauftragten der Bundesregierung für Kultur und Medien im Rahmen des Programms NEUSTART KULTUR gefördert.

Printed in Germany

Druck- und Bindearbeiten: Dressler, Berlin

Umschlagentwurf: Jochen Stankowski, Dresden

Redaktorat: Tom Lamberty

ISBN 978-3-96273-064-2

www.merve.de

INHALT

Dialektik zwischen Zweifel und Vertrauen

Paul Ricœur hat Marx, Nietzsche und Freud bekanntlich »die drei Meister des Zweifels«[1] genannt. Was diese Denker Ricœur zufolge gemeinsam haben ist »der Entschluss, das Bewusstsein im ganzen als ›falsches‹ Bewusstsein zu betrachten.«[2] Das bedeutet, dass alle drei eine fundamentale Diskrepanz zwischen dem feststellen, was wir denken zu meinen, zu glauben, zu beabsichtigen oder zu begehren und den *realen* Kräften, die wirklich bedingen, was wir meinen, glauben, beabsichtigen oder begehren. Diese Kräfte – der Klassenantagonismus, der Wille zur Macht, die unterdrückte Sexualität – operieren hinter dem Rücken unseres alltäglichen Bewusstseins, sodass unser eigenes Bewusstsein uns nicht nur darüber in die Irre führt, *was* wir wirklich glauben, beabsichtigen oder begehren (d. h. über die veritablen *Inhalte* unserer Glauben, Wünsche und Absichten), sondern auch darüber, *warum* wir bestimmte Dinge glauben, beabsichtigen oder begehren – anders gesagt: über die realen (ökonomischen, kulturellen, psychischen) kausalen Faktoren, die hinter oder unter der Oberfläche des Bewusstseins tätig sind.

Natürlich bekämpfen Marx, Nietzsche und Freud auf ihre jeweils eigene Weise jene mechanistischen Erklärungen, die von empiristischen Ökonomen, Darwin'schen Psychologen und neurologischen Reduktionisten vorgelegt wurden; zugunsten von Erklärungen, die entlang des dialektischen Widerspruchs, des

---

1 Ricœur 1974, S. 47.

2 Ibid., S. 46.

ressentiment oder des libidinösen Triebes formuliert werden. Doch selbst wenn diese nicht als mechanische Ursachen im Sinne der Physik des 19. Jahrhunderts betrachtet werden können, ist es wichtig, zu bemerken, dass der Bezug auf Kräfte, egal ob sozioökonomischer, kultureller oder libidinöser Art, kausal bleibt. Der Klassenkampf, der Willen zur Macht und das Unbewusstsein *bewirken* etwas: den Aufstieg der Bourgeoisie, den Triumph des Christentums, traumatische Neurosen, usw. Doch das Besondere an diesen Wirkungen ist, dass sie einen symptomatischen Charakter haben: ihre angemessene Beschreibung ist gleichzeitig eine Interpretation. Sie sind sinnhaltige Phänomene, deren angemessene Auslegung die interpretativen Ressourcen des gewöhnlichen Bewusstseins übersteigt. Ihre Beobachtung kann nicht von ihrer Interpretation getrennt werden. Aus diesem Grund operieren die von Marx, Nietzsche und Freud eröffneten Erklärungsweisen in der Zwischenzone zwischen Erklärungen, die als Gründe formuliert werden und subjektive Glaubensvorstellungen und Begierden einbeziehen, und Erklärungen, die als physikalische Ursachen formuliert werden und dies nicht tun.

Diese Unterscheidung kann wie folgt veranschaulicht werden. Andrew Wiles‘ Wunsch, den Großen Fermatschen Satz zu beweisen, kann anhand seines Glaubens erklärt werden, dass dieser Beweis das mathematische Wissen voranbringen würde, zusammen mit seinem Wunsch, zu diesem Fortschritt beizutragen. Damit diese Erklärung funktioniert, muss ich recht damit haben, dass Wiles dies tatsächlich glaubte und wünschte (vielleicht glaubte er, dass die Mathematik mit seinem Beweis endgültig zu ihrem Ende käme und wünschte genau das). Doch seine Errungenschaft kann auch (zumindest hypothetisch) anhand der ungeheuer komplexen Folge neurophysiologischer Zustände beschrieben werden, die er durchlief, während er seinen Beweis plante, ausführte und realisierte. Diese Art der Erklärung erwähnt Wiles Glaubensvorstellungen und Wünsche mit keinem Wort. Seine Glaubensvorstellungen und Wünsche werden (angeblich) durch seine neurophysiologischen Zustände erklärt. Damit eine solche Erklärung funktionieren kann, müssen Wiles' wirkliche neurophysiologische Zustände korrekt identifiziert werden. Entscheidend dabei ist, dass keiner dieser Zustände irgendetwas *bedeutet.*

Zu sagen, dass die von Marx, Nietzsche und Freud eröffneten Erklärungsformen in der Zwischenzone zwischen Gründen und Ursachen operieren, heißt also zweierlei. Erstens, dass sie Wirkungen identifizieren, die zwar *Bedeutung haben*, deren Bedeutsamkeit jedoch nicht durch das Bewusstsein konstituiert wird. Ihre Bedeutsamkeit transzendiert die Sorten von Glauben und Begierden, die mit unserem eigenen Verständnis unserer individuellen Erfahrung übereinstimmen. Die Bedeutsamkeit dieser unbewussten Glaubensvorstellungen und Begierden (z. B. Klasseninteressen, Sklavenmoral, Ödipuskomplex) unterscheidet sich also wesentlich von der Bedeutsamkeit psychologischer Zustände. Zweitens heißt es, dass die korrekte Identifikation der wichtigsten kausalen Faktoren, die hinter dem Rücken des Bewusstseins operieren, nicht in dem Sinne »objektiv« ist, wie die Identifikation von Ursachen in einer physikalischen Erklärung als »objektiv« beschrieben werden kann. Die Erklärungen des historischen Materialismus, der Genealogie und der Psychoanalyse implizieren also eine andere Art der Subjektivität. Die Subjektivität, um die es hier geht, ist eine unpersönliche Subjektivität, deren Verständnisformen die Horizonte der persönlichen subjektiven Erfahrung übersteigen.

Es ist die Entdeckung, dass es eine Art von theoretischer Objektivität gibt, die weder empirisch, noch neutral, noch wertfrei ist, und dass diese Objektivität das Korrelat einer Subjektivität ist, die weder individuell im Kartesischen Sinne, noch transzendental im Kant'schen Sinne, noch universell im Hegel'schen Sinne ist, die die theoretischen Errungenschaften von Marx, Nietzsche und Freud auszeichnet und von jenen der empirischen Wissenschaft und der traditionellen Philosophie unterscheidet. Aufgrund dieser theoretischen Entdeckung wird Marx, Nietzsche und Freud nachgesagt, die kognitiven Anmaßungen des Rationalismus, wie er von den Philosophien Kants und Hegels auf der einen Seite, und von der fortschreitenden Entwicklung der empirischen Wissenschaften (z. B. der Physik, Chemie, Kosmologie, Biologie, Psychologie) auf der anderen Seite repräsentiert wird, infrage gestellt zu haben. In der zweiten Hälfte des 20. Jahrhunderts sind aus dieser Infragestellung eine Reihe von Diskursen hervorgegangen, die mit dem in Verbindung stehen, was in den Geisteswissenschaften heute als »Theorie« bezeichnet wird. Die radikalste und einflussreichste unter ihnen ist die genealogische Kritik der Vernunft, der Wahrheit und der Objektivität, die von Nietzsche skizziert und später von seinen poststrukturalistischen Erbïnnen erweitert worden ist. Doch bevor ich den genauen Umfang und das Wesen der genealogischen Infragestellung der

Rationalität untersuche, möchte ich noch etwas näher auf die Unterscheidung zwischen Philosophie und Theorie eingehen.

Philosophie und Theorie

Fredric Jameson hat die besondere Herausforderung, vor die Marx und Freud die Philosophie stellen, anschaulich beschrieben. Im folgenden Zitat zeigt Jameson, wie die von Marx und Freud begründete materialistische Dialektik die Anmaßungen der traditionellen Philosophie untergräbt:

> [D]ie Dialektik gehört zur Theorie und nicht zur Philosophie: letztere wird immer vom Traum von irgendeinem lupenreinem selbstgenügsamen System heimgesucht, einer Menge ineinandergreifender Begriffe, die ihre eigene Ursache sind. Natürlich ist dieser Traum ein Nachbild der Philosophie als einer Institution in der Welt, als einer Profession, die teilhat an allem anderen im Status Quo, im abgestürzten ontischen Bereich dessen, ›was ist‹. *Die Theorie dagegen ist unvoreingenommen, insofern sie kein absolutes System, keine nicht-ideologische Formulierung ihrer selbst und ihrer ›Wahrheiten‹ für sich beansprucht; tatsächlich ist sie immer am Sein der gegenwärtigen Sprache beteiligt und hat nur die Berufung und die nie zu beendende Aufgabe, die Philosophie als solche zu untergraben, indem sie affirmative Behauptungen und Propositionen aller Art auflöst.* Wir können das auch so ausdrücken, dass die zwei großen Werke des post-philosophischen Denkens, für die die Namen Marx und Freud stehen, besser als

> Einheiten von Theorie und Praxis beschrieben werden sollten: das heißt, dass ihre praktische Komponente die ›Einheit der Theorie‹ immer unterbricht und davon abhält, sich in einem wie auch immer gearteten überzeugenden philosophischen System zu manifestieren.[3]

Warum betont Jameson, dass die Dialektik zur Theorie gehört und nicht zur Philosophie? Der Philosoph, der sich explizit zur Dialektik bekennt, ist natürlich Hegel. Für ihn *ist* die Philosophie Dialektik. Das ist nicht das gleiche, wie zu sagen, dass die Philosophie dialektisch ist. Das würde implizieren, dass die Philosophie einer von vielen Diskursen ist, zu denen das Adjektiv »dialektisch« passt. Hegels Behauptung ist viel präziser: Philosophie *ist* Dialektik; dialektisch zu denken, bedeutet, philosophisch zu denken. Außerdem kann die Philosophie eine Form des theoretischen Wissens artikulieren, das sowohl vollständig als auch vollkommen konsistent ist: das »absolute Wissen« – so jedenfalls geht die Hegel'sche Legende. Inwieweit Hegel selbst daran glaubte, ist irrelevant; und selbst wenn er daran geglaubt hätte, bleibt strittig, was er mit dem »absoluten Wissen« meinte. Doch so wird Hegels Ansicht der Philosophie als Dialektik offiziell aufgefasst.

Jameson stellt die Vollständigkeit, die Hegel für die Philosophie als Dialektik beansprucht, infrage; und damit auch Hegels Ansicht, dass die Dialektik allein zur Philosophie gehört. Für Jameson gehört die Dialektik zur Theorie, nicht zur Philosophie,

3 Jameson 2006.

weil nur die Theorie erkennt, dass die Vernunft sich selbst nie ganz transparent werden kann. Die Theorie erkennt auf welche Weisen die Realität uns daran hindert, ein absolut vollständiges Wissen über uns selbst und unsere Welt zu erlangen. Die Diskrepanz zwischen Theorie und Realität zeigt sich in unserem praktischen Scheitern. Weil wir daran scheitern, das zu tun, was wir unserem eigenen Wissen nach tun sollten, ist unser Wissen unvollständig. Daher liegt das besondere Privileg der Theorie laut Jameson im Verstehen dessen, was uns vom Wissen abhält. Für Jameson ist die Erkenntnis, dass der Anspruch auf absolute Vollständigkeit notwendigerweise etwas Unverstandenes übriglässt, daher in höchstem Maße dialektisch. Sie zeigt, dass Dialektik und Philosophie voneinander getrennt werden müssen. Die Dialektik wandert von der Philosophie in die Theorie, die die *Ursache* der konstitutiven Unvollständigkeit eines jeden Begriffssystems identifiziert. Um zu verstehen, wie das funktioniert, müssen wir verstehen, wie die Theorie die Kant'sche Unterscheidung zwischen Gründen und Ursachen reartikuliert.

Kant: Rechtfertigung und Erklärung

Kants fundamentale philosophische Einsicht hat zwei Seiten. Erstens legt Kant ein nicht-metaphysisches, d. h. nicht-theologisches Verständnis der menschlichen Vernunft vor. Während der göttliche Intellekt intuitiv ist und die unendliche Komplexität der von ihm geschaffenen Partikularität sofort erfasst, ist der menschliche Intellekt diskursiv, weil seine Intuition nicht intelligibel ist, sondern sinnlich. Begriffe sind keine Repräsentationen, sondern Regeln für das Verbinden von Repräsentationen. Das Urteil ist die Grundeinheit der Erkenntnis und die vom Urteil ausgeführten begrifflichen Funktionen benötigen einen diskursiven Rahmen. Das, was die menschliche Rationalität von der göttlichen Vernunft unterscheidet, ist Kant zufolge ihr *diskursives* Wesen. Die Vernunft ist weder ein angeborenes »natürliches Licht«, noch der göttliche Abdruck des Schöpfers auf seiner Lieblingskreatur. Sie besteht in der Fähigkeit, zu urteilen und in der Verpflichtung zur Rechtfertigung der eigenen Behauptungen. Für Kant ist die Vernunft insofern mit der Freiheit verbunden, als das Handeln gemäß einer Regel (d. h. die Anwendung eines Begriffs in einem Urteilsakt) transzendental spontan ist und uns zu Autor'innen unserer Handlungen macht, und nicht zu passiven, von sinnlichen Lüsten getriebenen Maschinen.

Kants zweite fundamentale Einsicht besteht in der Unterscheidung zwischen dem Bereich der rationalen Rechtfertigung und dem Reich der Kausalität: das Denken ist eine normative, regelgeleitete diskursive Tätigkeit, und keine Serie kausal bestimmter psychologischer Mechanismen. Gedanken (d. h. Urteile) mögen mit systematisch ineinandergreifenden psychologischen Zuständen korrelieren, doch sie können mit diesen nicht gleichgesetzt werden. Der Geist ist keine materielle oder immaterielle Substanz, sondern die durch die Bewegungen des Begrifflichen instituierte Dimension des Normativen. Daher gibt es einen fundamentalen Unterschied zwischen rationaler Rechtfertigung und kausaler Erklärung.

Mit dieser Kant'schen Abgrenzung von Gründen und Ursachen erreicht der Aufstand der Modernen gegen Aristoteles wohl seinen Höhepunkt, weil sie deren metaphysische Verschmelzung endgültig für nichtig erklärt. Erinnern wir uns, dass für Aristoteles Gründe Ursachen *sind*. Genauer gesagt können Gründe nicht von Ursachen getrennt werden, weil formale und finale Ursachen zusammen mit ihren materiellen und wirksamen Gegenstücken in die substanzielle Architektur der Realität eingeschrieben sind. Diese Fusion von Gründen und Ursachen, deren Garant Gott ist, markiert die theologische Weltanschauung.

Doch wie können wir Jamesons Ansatz mit diesem Schema zusammenbringen? Zwei Dinge müssen angemerkt werden. Erstens ist die systematische Philosophie für Jameson ein Avatar der Theologie: ein Diskurs, der dazu tendiert, Gründe und Ursachen, Erklärung und Rechtfertigung zu verschmelzen. Darum ist die Philosophie bestenfalls eine Apologie des Status Quo, und schlimmstenfalls eine Rationalisierung von Unterdrückungsverhältnissen. Der philosophische Wahrheitsanspruch ist ideologisch. Rechtfertigungen sind *immer* zweifelhaft. Zweitens unterscheidet die dialektische Theorie sich von der philosophischen Dialektik, weil sie merkt, dass die Praxis die begriffliche Systematizität unterbricht. »Praxis« meint hier nicht nur die Unterbrechung der Autonomie des Begrifflichen, sondern auch die nicht-begrifflichen Bedingungen des Begrifflichen. Während die philosophische Privilegierung der begrifflich umschriebenen Wahrheit immer idealistisch (d. h. theologisch) ist, vermittelt die Theorie das materialistische Primat der Praxis. Doch damit die materialistische Dialektik dem Idealismus, der die Dialektik in der intelligiblen Ordnung, d. h. im begrifflichen Diskurs abschottet, etwas entgegensetzen kann, muss die Praxis die Transzendenz des Sinnlichen zulassen; eine Transzendenz, die *nicht-intelligibel* ist und in die Selbstgenügsamkeit der intelligiblen Ordnung, d. h. des begrifflichen Diskurses einbricht. Die Praxis ist die Reaktivierung der Transzendenz des Sinnlichen gegen den latenten Hylemorphismus in Kants kritischem Rationalismus. Sie kanalisiert eine Dimension der Erfahrung, die sich der Vorbestimmung durch die Urteilsform widersetzt.

Es ist diese materialistische Dialektik von Theorie und Praxis, die die Platonische Verflechtung von Wahrheit, Recht und Rechtfertigung infrage stellt. Weil die Rechtfertigung diskursiv ist, beansprucht die Theorie ein radikales emanzipatorisches Potenzial für sich, insofern die Transzendenz der (wie auch immer gearteten) Praxis die Transitivität zwischen Gerechtigkeit und Rechtfertigung unterbricht. Gerecht kann nicht einfach das sein, was gerechtfertigt werden kann. Diese Trennung stellt Kants Verständnis der Wechselbeziehung zwischen Freiheit und Vernunft infrage. Wenn gezeigt werden kann, dass die »Kraft des besseren Arguments« nur eine Machtausübung verschleiern soll, dann kann rationale Autorität mit einer Form von Zwang gleichgesetzt werden. Der Rechtfertigungszwang wird zu einer noch perfideren Unterdrückungsinstanz. Dies ist der genealogische Move. Die Genealogie ist die skeptische Überspitzung der Kritik: der Punkt, an dem sie an ihrem eigenen Restrationalismus zu zweifeln beginnt (Nietzsche gegen Marx und Freud). Während Marx und Freud die Aufklärung radikalisieren, indem sie theoretische Erklärungen anbringen, die den Wirkungsbereich der Vernunft kritisch abgrenzen, entlarvt die Nietzscheanische Genealogie die Rationalität als eine Herrschaftsform unter anderen. Der Schritt von der Kritik zur Genealogie markiert den Schritt von der rationalen Erklärung – inklusive der kritischen Bestimmung der Grenzen und der Reichweite der rationalen Erklärung, d. h. ihrer Heteronomie – zu der *Demaskierung* der explanatorischen Anmaßungen der Vernunft.

Die genealogische Reduktion

So wie sich mit der Abgrenzung von Gründen und Ursachen der Bruch zwischen den Modernen und den Vormodernen vollendete, so beginnt mit der globalen genealogischen Destitution dieser Kant'schen Unterscheidung das postmoderne Zeitalter.[4] Die Genealogie radikalisiert die Kritik, indem sie Kants Unterscheidung gegen Kant selbst wendet und zeigt, dass Gründe arationale Ursachen haben: Klasseninteressen, libidinöse Triebe, Wille zur Macht, etc. Aber das reicht noch nicht. Die globale genealogische Subversion der Kant'schen Säkularisierung der Vernunft liegt in dem weiteren Bestehen darauf, dass nicht-rationale Kräfte Gründe nicht nur verursachen, sondern konstituieren. Es ist die weitere Reduktion von Gründen auf Ursachen, die deren rechtfertigende Kraft und somit auch deren normative Autorität unter-

4 Diese Destitution ist mehrdeutig: einerseits bezeichnet sie die ultramaterialistische Reduktion von Gründen auf Ursachen; andererseits deren neoaristotelische Wiederverbindung. Beide Strömungen können im postmodernen Diskurs beobachtet werden.

gräbt. Indem sie zeigt, warum Gründe »in Wirklichkeit« verkappte Ursachen sind, stellt die globale genealogische Reduktion den Autonomieanspruch systematisierter propositionaler Behauptungen infrage. Sie bestreitet die Autorität des Logos.

An diesem Punkt ist es wichtig, zu Jamesons Aussage zurückzukehren, dass die Theorie philosophische Behauptungen »durch ihre Komplizität mit dem Sein der gegenwärtigen Sprache«[5] auflöst. Das ist es, was verhindert, dass die theoretische Subversion zu einer metaphysischen Behauptung wird, die auf die Identifikation eines Grundes hinausliefe, der als letzte Quelle für die Kontingenz der Ursachen diente. Daher »sollte« (und das genaue Wesen diese »sollte« ist natürlich problematisch) der genealogische Angriff auf die Autorität des Logos in der Immanenz des Diskurses, oder in dem, was Jameson »das Sein der gegenwärtigen Sprache« nennt, stattfinden. Die Ressourcen des Diskurses müssen gegen deren logisch-philosophische Übercodierung mobilisiert werden. Wenn man diese Aufforderung ernst nimmt, dann muss die Subversion diskursiver Autorität durch eine Diagnose der Wirkungen von nicht-diskursiven, arationalen Kräften innerhalb der Ordnung des rationalen Diskurses erfolgen. Doch was ist der genaue Mechanismus dieser diskursiven Subversion? Um das zu verstehen, können wir Robert Brandoms Unterscheidung zwischen epistemischen Zuständen, d. h. *Glaubensakten* [*believings*] und semantischen Inhalten, d. h. dem *Geglaubten,* auf das sich diese Glaubensakte beziehen, heranziehen. Diese Unterscheidung kann im Diskurs als die immanente

---

5 Jameson 2006.

Unterscheidung zwischen *Behaupten* [*asserting*] und *Behauptetem* reformuliert werden. Die Genealogie reduziert Gründe auf Ursachen, indem sie einen kausalen Keil zwischen Glaubensakt und Geglaubtes, Behaupten und Behauptetes treibt, der die rechtfertigende Verbindung zwischen ersterem und zweiteren durchtrennt. Sie begründet eine kausale Ätiologie für Glaubensakte, die rechtfertigende Faktoren eliminiert. Indem sie rechtfertigende Faktoren in der Ätiologie der Glauben (d. h. der Glaubensakte) eliminiert, sondert sie deren semantische Inhalte (d. h. das Geglaubte) ab und lagert sie in ein epiphenomenales Stratum der Ideation aus. Dieses Stratum ist das Element der Ideologie. Einfacher ausgedrückt wird gezeigt, dass der propositionale Inhalt des Glaubens (das, was geglaubt wird) durch nichtpropositionale Faktoren verursacht wird, d. h. durch libidinöse, ökonomische oder psychosomatische Kräfte. Brandom formuliert das so:

> [G]enealogische Erklärungen handeln von den Beziehungen zwischen dem Akt oder Zustand des Glaubens und dem geglaubten Inhalt. Eine Genealogie erklärt das Aufkommen eines Glaubens, im Sinne eines Glaubensaktes oder einer Einstellung, anhand der Kontingenzen ihrer Ätiologie und beruft sich dabei ausschließlich auf Fakten, die *kein* Belegmaterial sind, die *keine* Gründe oder Rechtfertigungen für die Wahrheit dessen liefern, was geglaubt wird.[6]

---

6 Brandom 2013, S. 4.

Entscheidend ist, dass die genealogische Subversion den Kräften eine nicht nur kausal bestimmende, sondern konstituierende Macht zuspricht: darin liegt die subversive Kraft der Aussage, dass der propositionale Inhalt von Glauben nur ein Ausdruck des Klassenantagonismus, libidinöser Triebe, des Willens zur Macht, etc. ist. Zudem ist die explanatorische Inferenz von Wirkungen auf Ursachen, d. h. von Glauben auf Nicht-Glauben bzw. Kräften, a priori und nicht empirisch. Letztendlich findet die Ableitung also innerhalb der Diskursordnung statt, dem immanenten »Sein der gegenwärtigen Sprache«. Wäre das nicht der Fall, dann wäre die genealogische Postulierung dieser außer-diskursiven Kräfte offensichtlich metaphysisch. Doch die genealogische Operation ist sowohl entschieden antimetaphysisch als auch betont antiempiristisch. Wir können diese genealogischen Postulate daher als »überempirisch« bezeichnen. Mit »überempirisch« meine ich eine Kraft (oder Kräfte), die im Kant'schen Schema weder auf der einen noch der anderen Seite der Trennung zwischen a priori und a posteriori verortet werden kann, deren Wirkungen jedoch in einem entsprechend erweiterten (um nicht zu sagen verwässerten) Verständnis von »Erfahrung« nachverfolgt werden können.

Was also ist der epistemische Status dieser überempirischen Kräfte? Warum sollten wir glauben, dass sie real sind? Die globale Genealogie muss diese Rechtfertigungsaufforderung zurückweisen. Denn die allumfassende Reduktion von Gründen auf Ursachen beruht auf der Destitution der Kant'schen Epistemologie, verstanden als ein normatives Unterfangen mit dem Ziel, die Bedingungen der Rechtfertigung von Wissensansprüchen zu identifizieren. Die von der globalen Genealogie diagnostizierten überempirischen Kräfte sind keine objektiven Faktoren, die von einem epistemisch neutralen Standpunkt aus erkennbar wären; sie sind unbewusste Bestimmungsfaktoren, deren Identifikation die Einnahme des genealogischen Standpunkts voraussetzt. Entscheidend ist jedoch, dass die kritische Entlarvung der (rationalen) Rechtfertigung als (ideologische) Rationalisierung die Intelligibilität der Rechtfertigung weiterhin voraussetzt, wenn auch als abwesend oder unrealisiert. Die Überspitzung des Zweifels setzt also die Verletzung eines zugrundeliegenden Vertrauens voraus.

An dieser Stelle müssen wir verstehen, inwiefern die lokalen und globalen Varianten der genealogischen Subversion voneinander abweichen. In dieser Abweichung liegt der Unterschied zwischen der aufklärerischen Demystifizierung und der skeptischen Entlarvung der Aufklärung. Sie ist Folge zweier unterschiedlicher Zugänge zum Überempirischen, die zwei gegensätzliche Verständnisse des Unbewussten nach sich ziehen. Marx und Freud materialisieren das Überempirische anhand der Produktion beziehungsweise des Triebs. Die Metapsychologie und die Kritik der politischen Ökonomie liefern den theoretischen Rahmen für die explanatorische Symptomatologie unbewusster Prozesse anhand der ökonomischen Produktion oder libidinöser Triebe, und es ist diese explanatorische Funktion, die die Operationen des Unbewussten sowohl kognitiv als auch praktisch nachvollziehbar macht – tatsächlich ist sie die Bedingung für die Wechselbeziehung zwischen Theorie und Praxis, die für den Marxismus und die Psychoanalyse so wesentlich ist. Im Gegensatz dazu führt Nietzsches Hypostasierung des Willens zur

Macht zu einer Metaphysik der Kräfte, die qualitativ unterschiedliche Willenstypen manifestieren: gesund oder krank, lebensbejahend oder lebensverneinend. Die Verabsolutierung des Willens zur Macht als Agent (d. h. Subjekt) und Patient (d. h. Objekt) der Interpretation macht aus der Nietzscheanischen Genealogie eine *evaluative* Symptomatologie der Qualitäten von Kräften und Typen des Willens. Für Marx und Freud werden die unbewussten Bestimmungsfaktoren der Vernunft durch eine explanatorische Symptomatologie entziffert, die in und durch die Theorie erarbeitet wird – das theoretische Selbstbewusstsein macht die unbewusste Bestimmung begrifflich nachvollziehbar. Für Nietzsche dagegen wird der unbewusste Bestimmungsfaktor mit einem Lebensprinzip gleichgesetzt – das Leben als solches oder der Wille zur Macht – und nach einem Bewertungskriterium diagnostiziert, das in der normativen Gegenüberstellung von Gesundheit und Krankheit begründet ist; eine Gegenüberstellung, die nur darum affirmiert werden kann, weil sie begrifflich nicht gerechtfertigt werden kann.

Marx und Freud nutzen also die Vernunft, um die Autonomie der Vernunft als Illusion zu enthüllen. Sie entwickeln diagnostische Methoden, die die Mechanismen der unbewussten Kräfte erklären, durch die das rationale Selbstbewusstsein systematisch deformiert wird. Die Psychoanalyse und der historische Materialismus legen eine lokale Genealogie vor, die bestimmte Pathologien der Vernunft, ihre inhärenten blinden Flecken, ausstellt. Sie begrenzen die Rationalität, doch sie pathologisieren sie nicht. Dass Nietzsche die Rationalität als ein Herrschaftsmittel der Kranken über die Gesunden abwertet, und dass er den Willen zur Wahrheit für ein Symptom des asketischen Ideals hält, hat dagegen eine globale Pathologisierung der Rationalität zur Folge: die Heiligung des Willens zur Wahrheit ist demnach ein Symptom eines ungesunden Willens zur Macht. Dies ist eine Pathologisierung im Kant'schen Sinne, weil sie rationale Motivationen auf psychosomatische Vorlieben reduziert. Ihre heutige weite Verzweigung in der kritischen Theorie ist eine Folge des Zusammenflusses von Nietzsches Behauptung der Allgegenwart des Willens zur Macht – Vernunft ist Herrschaft – mit Bergsons utilitaristischer Herabstufung des Intellekts – Vernunft ist Manipulation – und Heideggers Ansicht, dass die Idealisierung (d. h. Verbegrifflichung) das Vergessen des Erscheinens (*phainesthai*) ist – Vernunft ist Vergessen.

Ich möchte argumentieren, dass die Globalisierung der genealogischen Desillusionierung zu einem illusorischen Zauber wird: die unterschiedslose Reduktion der Vernunft auf die Macht setzt unabsichtlich die theologische Verschmelzung von Rationalisierung und Verursachung wieder ein, und zwar in Form dessen, was Jameson »Praxis« nennt (und Nietzsche »Affirmation«). Die praktische Transzendenz wird der Grund, der die kausale Destitution der Vernunft rechtfertigt: ein Grund, dessen Richtigkeit oder Gerechtigkeit nicht diskursiv gerechtfertigt werden kann. Doch die Vorstellung einer unintelligiblen Gerechtigkeit, einer Richtigkeit, die jede diskursive Rechtfertigung ablehnt, ist letztendlich theologisch. Der Rückgriff der Theorie auf praktische Transzendenz hat eine Theologisierung des Sinnlichen als das zur Folge, was jenseits oder unterhalb der Rechtsprechung des Wahrnehmungsurteils liegt. Ein Objekt der möglichen Erfahrung zu sein bedeutet für den Kant'schen Rationalismus, »beurteilbar« zu sein, ein intelligibler Inhalt. Dieser Inhalt hat propositionale Form. Mit der Beschwörung des »Unbeurteilbaren« in der sinnlichen Erfahrung wird das Scheitern der Rechtfertigung behauptet, die die Trennung zwischen Gründen und Ursachen, zwischen dem, was wir Glauben, und warum wir es glauben, rechtfertigt. Die Entfaltung dieser Dialektik von Gründen und Ursachen – die Dialektik von Zweifel und Vertrauen – führt uns zurück zu Hegel.

Der Geist des Vertrauens

In seinem Werk *Im Geiste des Vertrauens*[7] schreibt Brandom Hegel zu, Kant dialektisch berichtigt und die globale genealogische Reduktion von Gründen auf Ursachen präemptiv neutralisiert zu haben. Indem er sie in einer diskursiven Gemeinschaft einbettet, recodiert Hegel laut Brandom die Kant'sche Gegenüberstellung von Glauben und Inhalt als eine Unterscheidung zwischen praktischen Einstellungen und normativen Status, die einander jeweils voraussetzen. Es gäbe keinen normativen Status (Wahrheit oder Falschheit auf der Ebene der Behauptung, Richtigkeit oder Unrichtigkeit auf der Ebene der Handlung), ohne praktische Einstellungen, die Behauptungen oder Handlungen als korrekt oder inkorrekt, richtig oder falsch behandelten. Ebenso inkonsistent wäre die Vorstellung einer praktischen Einstellung (eines Glaubensaktes), die keine Einstellung *gegenüber* irgend-

---

7 Brandom 2021.

einem normativen Status (d. h. einem Glauben *über* etwas, egal ob Behauptung oder Handlung) wäre. Die Wechselbeziehung zwischen praktischen Einstellungen und normativen Status hat zur Folge, dass beide nicht voneinander getrennt werden können. Genauso wenig wie praktische Einstellungen (d. h. Glauben) unabhängig von normativen Status (d. h. semantischen Inhalten) bestimmt werden können, können diese Status unabhängig von jenen Einstellungen bestimmt werden. In Brandoms Worten bedeutet das, dass die *Anwendung* eines Begriffs nicht von seiner praktischen *Instituierung* getrennt werden kann. Daher besteht Hegels Fortschritt gegenüber Kant laut Brandom in der Realisierung, dass es unmöglich ist, jemanden als glaubend zu beschreiben, ohne anzunehmen, dass da etwas ist, dass dieser jemand glaubt, unabhängig von der Ungewissheit der Fixierung dieses Glaubensinhalts. Wenn man jemanden als glaubend beschreibt, dann hat man bereits eingeräumt, dass man das Geglaubte korrekt oder inkorrekt identifizieren kann. Im Ergebnis kann man also weder den Glauben unabhängig von der Bedeutung beschreiben noch die Bedeutung unabhängig vom Glauben.

> Hegel ist der Meinung, dass Kant eine zweistufige Geschichte erzählt: Die transzendentale Aktivität ist die Quelle der begrifflichen Normen, die dann die empirische diskursive Aktivität beherrschen. Das empirische Selbst ist entsprechend immer schon mit einem Bestand an determinierten Begriffen ausgestattet. Die (transzendentalen) Prozesse, durch die diskursive Normen *instituiert* werden, werden scharf von den (empirischen) Prozessen abgegrenzt, durch die diese diskursiven Normen *angewendet* werden. Im 20.

> Jahrhundert hat Rudolf Carnap (bei dem sich in dieser und anderer Hinsicht die Auswirkungen seiner Neo-Kantianischen Vorgänger zeigen) ein Paradebeispiel dieser Kant'schen zweistufigen semantisch-epistemischen Erklärungsstrategie vorgelegt. In seiner Version bestehen die zwei Stufen darin, zuerst die *Bedeutungen* zu fixieren und erst dann die *Glaubensvorstellungen*. Auf der ersten, semantischen Stufe wird eine *Sprache* gewählt. Auf der zweiten, epistemischen Stufe wird eine *Theorie* gewählt: eine Menge von in dieser Sprache eingebetteten Sätzen, die für wahr gehalten werden. Carnaps Schüler Quine hielt ihm entgegen, dass diese zweistufige Prozedur in formalen und künstlichen Sprachen zwar Sinn macht, in natürlichen Sprachen aber nicht. Alle Sprecherinnen einer Sprache tun nur eines: sie *verwenden* sie – Kant würde sagen, um Urteile zu fällen. Diese Verwendung muss irgendwie bestimmen, was deren Ausdrücke meinen und welche Sätze sie für wahr halten. In dem Vokabular, das ich verwende, um über Kant zu sprechen, muss man die Verwendung der Sprache zum Ausdrücken von Urteilen so verstehen, dass sie *sowohl* die Instituierung begrifflicher Normen *als auch* deren Anwendung verwirklicht.[8]

Die Annahme, dass es möglich ist, Glaubensvorstellungen unabhängig von Bedeutungen zu identifizieren, oder Bedeutungen unabhängig von Glaubensvorstellungen zu fixieren, bezeichnet Brandom als »semantische Naivität«. Semantische Naivität umfasst drei eng miteinander verwandte Annahmen von zunehmender philosophischer Allgemeinheit:

---

[8] Brandom 2013, S. 9.

1. Dass die Bestimmung des semantischen Inhalts der Anwendung dieses Inhalts im Fällen eines epistemischen Urteils vorausgeht und von diesem unabhängig ist.
2. Dass das, was Dinge bedeuten, unabhängig davon ist, wie Dinge sind.
3. Dass die Bedeutung (Semantik) unabhängig ist von der Verwendung (Pragmatik).

Die lokale genealogische Reduktion legt eine Diskrepanz zwischen praktischen Einstellungen und normativen Status frei, anhand von Beurteilungsstandards, die in der gegenwärtigen diskursiven Praxis bereits implizit sind. Sie macht Status in der Theorie explizit, die in der Praxis implizit sind und stellt dadurch die von uns verfochtenen Status zugunsten derer infrage, die wir verfechten sollten. Sie identifiziert pathologische Normen im Namen von Gründen, die theoretisch zugänglich sind und daher prinzipiell anerkannt werden können. Somit deckt die lokale Genealogie eine Unstimmigkeit zwischen Realität und Erscheinung auf der Ebene der Vernunft auf: sie setzt die Vernunft ein, um die Rationalität zu entzaubern. Im Gegensatz dazu behauptet die globale genealogische Reduktion, dass normative Status und die Kräfte, die diese hervorbringen, absolut auseinander klaffen. Sie besteht auf der Entzweiung von praktischen Einstellungen und normativen Status und verbannt letztere in den Bereich der Illusion, indem sie erstere zu Kräften bar jedes rationalen Anspruchs degradiert. Doch das bedeutet, anzunehmen, dass es möglich ist, praktische Einstellungen (d. h. Glaubensakte) zu identifizieren, ohne auf normative Status zurückzugreifen (d. h.

was geglaubt wird). Die globale genealogische Reduktion nimmt an, dass es möglich ist, jemanden als glaubend zu beschreiben, ohne sich zu der Aussage zu verpflichten, dass es etwas gibt, *das* sie glaubt. Genauso nimmt er an, dass wir nicht beschreiben müssen, was jemand glaubt, um sie als Glaubende zu beschreiben. Das beruht auf der Annahme, dass man normative Status auf praktische Einstellungen reduzieren kann, ohne vorauszusetzen, dass sie Einstellungen *gegenüber* etwas sind. Daher führt die globale genealogische Reduktion Brandoms Ansicht nach in einen Widerspruch.

> Das globale genealogische reduktive Wegerklären von Normen zugunsten von Einstellungen nimmt an, dass es intelligibel ist, dass die Inhalte proposotionaler Einstellungen unverändert bleiben, nachdem die normativen Grundbeziehungen zwischen ihren beurteilbaren Inhalten aufgegeben wurden. Andernfalls könnte das, was genealogisch erklärt wird, nicht mehr als *Glaubensakt* verstanden werden – als Einstellungen, die die Dinge für so und so halten (als so und so repräsentieren). Wenn unsere Einstellungen nicht genuin begrifflich gehaltvoll wären, dann hätten wir nicht einmal den *Anspruch,* die Dinge als so und so seiend zu repräsentieren; es würde uns nicht einmal *scheinen,* dass die Dinge so und so sind. Wenn die Desillusionierung gegenüber der Realität von Begründungsnormen einen *semantischen* Nihilismus zur Folge hat, dann widerspricht sie sich selbst: die Aussagen der Genealogin hätten die Sinnlosigkeit ihrer eigenen Aussagen zur Folge.[9]

---

9 Brandom 2013, S. 10.

Das Problem des semantischen Nihilismus ist seine Inkonsistenz: er greift auf semantische Ressourcen zurück, um die Glaubensvorstellungen zu beschreiben, deren Inhalte durch die Beschreibung angeblich redundant werden sollen. Noch wichtiger ist, dass die Verbannung von Gründen in eine kausal inerte Sphäre der Ideologie auf der Postulierung von Kräften beruht, die am Ende als Gründe für die Intelligibilität von Ursachen herhalten, deren Symptome die Gründe eigentlich sein sollten. Daher wird die selbstgenügsame Systematizität des von Jameson beschriebenen theologischen Zirkels durch die globale genealogische Reduktion wiederhergestellt, weil sie die normativen Voraussetzungen ihrer eigenen Beschreibungen verleugnet. Diese Verleugnung folgt aus der Berufung auf einen Grund, der kein Grund ist: eine Determination der sinnlichen Erfahrung, eine Beständigkeit in der kausalen Ordnung, deren Genügsamkeit weder auf eine konstituierende Subjektivität noch auf praktische Einstellungen zurückgeführt werden kann. Der Versuch, Glaubensvorstellungen unabhängig von Bedeutungen zu beschreiben, führt in eine einseitige kognitive Abstraktion, deren eigene Begründung in der kausalen Ordnung sie als transzendental garantiert beschreibt. Brandom drückt das so aus:

> Man kann genealogische Analysen nur als eine Unterhöhlung von Vernunftaussagen (der rationalen Verbindlichkeit begrifflicher Normen) verstehen, wenn man die Rationalität der diskursiven Praxis allein danach bewertet, ob Anwendungen von Begriffen, deren Inhalte als immer schon vollständig bestimmt angesehen werden, ausschließlich eine Belegsache sind. Die Reaktions-

> fähigkeit von Begriffsanwendungen auf alle Faktoren, die den bereits wirklichen Begriffsnormen gegenüber kontingent sind – jenem Phänomen, das im Zentrum der genealogischen Diagnose steht – wird entsprechend als Irrationalität angesehen. Doch die Vorstellung, dass die Rationalität nur anhand der Anwendung bereits vollständig bestimmter Begriffe bewertet werden kann, ist das Produkt einer bornierten semantischen Naivität. Sie ignoriert die Tatsache, dass dieselbe diskursive Praxis, die von einem Standpunkt aus die *Anwendung* von begrifflichen Normen ist, von einem anderen Standpunkt aus die *Instituierung* dieser Normen und die *Bestimmung* ihrer Inhalte ist. Nur wenn die diskursive Praxis als Ganzes betrachtet wird, tritt ihre Rationalität hervor. Wenn der semantogenetische Prozess, durch den Begriffsinhalte bestimmt und entwickelt werden, ignoriert wird, dann bleibt unsichtbar, in welcher besonderen Weise die Vernunft die diskursive Praxis erfüllt und gestaltet.[10]

Für Brandom also ist der Akt, durch den eine Norm angewendet wird, auch der instituierende Akt, der deren semantischen Inhalt bestimmt. Anwendung, Institution und Bestimmung verweben sich in einem fortlaufenden »semantogenetischen« Prozess. Bedeutung ist weder einfach gegeben noch wird sie willkürlich hergestellt; sie entfaltet sich in dem historischen Prozess, durch den die impliziten, »unbewussten« Konturen eines Begriffs retroaktiv für das kollektive Bewusstsein explizit gemacht werden. Brandom vergleicht diesen Prozess mit der Rechtsprechung und beschreibt

10 Brandom 2013, S. 15.

ihn als eine »Hermeneutik der Großherzigkeit«, in der wir dazu verpflichtet sind, die Aussagen unserer Vorgängerinnen anhand dessen zu reinterpretieren, was sie unserer Meinung nach im Lichte ihrer eigenen Gedanken *hätten sagen sollen,* wenn sie maximal konsistent gewesen wären.

Brandoms Diagnose der semantischen Naivität, die die Hermeneutik des Zweifels untergräbt, hat folgende Konsequenz. Wenn man seine eigene Komplizität mit dem akzeptiert, was Jameson »das Sein der gegenwärtigen Sprache« nennt, dann nimmt man die diskursive Praxis als Ganzes in den Blick. Das heißt, dass jede Ideologiekritik auf ideologische Ressourcen zurückgreifen muss. Das kritische Bewusstsein kann nicht neben die Ideologie gestellt werden als ihr begrifflich autonomes »Anderes«. Genauso wenig kann die Ideologie als unrettbar illusorisch angesehen werden. Wenn das Wahre, mit Brandoms Hegel gesprochen, das Ganze ist, die wechselseitige Abhängigkeit der Anwendung, Instituierung und Bestimmung von Glaubensakten und Bedeutungen, oder Gründen und Ursachen, dann macht die Ideologie die Kritik erst möglich und wird selbst von der Kritik rekonstituiert. Das Falsche konstituiert das Wahre, wie Hegel betonte. Die Frage lautet dann, ob der Holismus, der die Untrennbarkeit von praktischen Einstellungen und normativen Status erfordert, auf eine konservative Homöostase hinausläuft, die die Kontinuität von »Lebensformen« vorzieht (das wäre die liberal-reformistische Interpretation von Brandoms Ansatz); oder, alternativ, ob der den Lebensformen inhärente Konservatismus genau das ist, was durch eine revolutionäre, an keine theologische Transzendenz mehr gebundene Vernunft abgeschafft werden muss.

Sobald Wissen und Urteil gleichgesetzt, und das Urteil als Teil des »falschen Zustandes« pathologisiert worden ist, vermischt sich der Wunsch nach Revolution (einer theologisierten »Revolution«, die mit Marx nichts mehr zu tun hat) in fataler Weise mit dem Wunsch *nicht zu wissen* als Bedingung der Emanzipation. Dieser Wunsch ist ein wiederkehrendes Phänomen mit einer verzweigten Geschichte (auf die ich hier nicht weiter eingehen kann). Seine gegenwärtige Wiederkehr ist historisch bedingt, auch wenn sein eigenes Selbstbild als vollständig desillusioniertes Selbstbewusstsein dialektisch als eine weitere Instanz der nichtselbstbewussten Täuschung diagnostiziert werden kann. Genau das ist Brandoms Punkt: der Anspruch auf vollkommene Desillusionierung ist naiv, eine Folge von mangelndem Selbstbewusstsein über die semantischen Bedingungen begrifflicher Intelligibilität. Vor diesem Hintergrund ist die globale genealogische Verschmelzung von Gründen und Ursachen daher nichts anderes als ein ungewollter Rückfall in die Metaphysik.

Brandoms Diagnose der semantischen Naivität lädt jedoch zu einem erwartbaren genealogischen Gegenschlag ein: der Entlarvung des Brandom'schen normativen Vokabulars von »Anerkennung«, »Status«, »Verantwortung«, »Verpflichtung«, etc. als kaum verhüllte Transzendentalisierung bourgeoiser Eigentumsverhältnisse. Die angemessene Antwort auf diese Erwiderung besteht nicht darin, sie zurückzuweisen, sondern sie zu akzeptieren und die Genealogin gleichzeitig daran zu erinnern, dass genau das Brandoms Hegelianisches Argument ist. Die Tatsache, dass das diskursive Selbstbewusstsein (ob Sokratisch oder Kantisch) kausal in prädiskursiven sozialen Strukturen (d. h. Klassen- und Eigentumsverhältnissen) verankert ist, disqualifiziert seine Rationalität als diskursives Selbstbewusstsein nur, wenn man die genealogische Behauptung, dass die Irrationalität der Ursache die Rationalität des Grundes hinfällig macht, bereits akzeptiert hat; eine Behauptung, deren subversive Kraft genau auf der metaphysischen Gleichsetzung von diskursiven Gründen mit ihren arationalen Ursachen beruht.

Letztendlich ist die Pattsituation zwischen Philosophie und Jamesons »Theorie« die Pattsituation zwischen dem philosophischen (das heißt in diesem Kontext: Hegelianischen) Vertrauen in die rechtfertigenden Ressourcen der Vernunft, durch die das Wahre als das Begründbare immer mit dem Guten zusammenfällt, und dem legitimen Zweifel der Theorie an diesem Zusammenfallen von Recht und Rechtfertigung – ihrer Offenlegung einer Lücke in der Vernunft, sodass das, was recht oder gerecht ist, genau das ist, was nicht gerechtfertigt werden kann. Diese Lücke ist schlicht das »Andere« der Vernunft, das wahlweise als das Sinnliche, Zeit, Werden, Ereignis, etc. aufgefasst worden ist. Doch Hegels fundamentale Einsicht lautet, dass die *Vernunft Zeit braucht*. Weder der dogmatische Realismus, der das gegenwärtig Rechtfertigbare mit der Rechtfertigbarkeit im Allgemeinen gleichsetzt, noch der theologisierte Skeptizismus, der das Defizit der Gerechtigkeit gegenüber dem Rechtfertigbaren zum Ruin der Rechtfertigung aufbauscht, erkennen, dass genau diese Momente des Scheiterns der Rechtfertigung (ihre historischen Grenzen, blinden Flecken, Aporien, etc.) der Motor sind, der die Erweiterung der Ressourcen der Rechtfertigung vorantreibt. Rückblickend muss die Vernunft anerkennen, was sie nur verspätet als ihr eigenes Scheitern an der Anpassung der Ressourcen der Rechtfertigung an die Anforderungen der Gerechtigkeit erkennen kann. Aus diesem Grund führt der Weg des Fortschritts für Hegel über den »Weg der Verzweiflung«. Das macht aus Hegel den Denker, der die Gegenüberstellung von Aufklärungsoptimismus und postmodernem Pessimismus, von Hoffnung und Verzweiflung, präemptiv überwunden hat: wir müssen rational anerkennen, dass die Geschichte uns gleichzeitig unterwirft und als Subjekte frei macht; frei, nur um zu sehen, welche Bürden im Namen unserer Freiheit ertragen werden müssen. Hegel ist eine Sphinx: das, was ist, ist tatsächlich falsch; doch nur das, was tatsächlich falsch ist, kann rückblickend als das tatsächlich Richtige erkannt werden. Es gibt kein Entkommen vor der Schlachtbank der Geschichte. Vielleicht ist es das, was Bataille im Sinn hatte, als er vom Ausdruck des bodenlosen »Schreckens« im gemalten Antlitz des alternden Hegel sprach: der Schrecken, zum Grunde von allem vorgedrungen zu sein und die Geschichte in ihrer notwendigen *richtigen Falschheit* und *falschen Richtigkeit* verstanden zu haben. Das dialektische Verständnis der List der Vernunft ändert alles und lässt alles, wie es ist. Sie ist eine Errungenschaft, die sich selbst zunichtemacht, ein Verstehen, das Hoffnung und Verzweiflung gleichermaßen erstickt.[11]

---

11 »Gewiß, er hatte den Ton eines aufreizenden Lobredners, doch auf einem Altersporträt von ihm meine ich die Erschöpfung zu lesen, den Schrecken, auf den Grund der Dinge gekommen zu sein – Gott zu sein.« Bataille 1999, S. 152.

Doch diese Erstickung bewirkt eine Veränderung. Die notwendige Mehrdeutigkeit, das Janusgesicht der Hegelianischen Vernunft anzuerkennen, bedeutet, das eigene Verständnis des revolutionären Charakters der Rationalität zu erweitern. Dieser besteht weder in der Überwerfung etablierter Normen und Hierarchien – das wäre die Revolution im buchstäblichen, aber philosophisch konservativen Sinne – noch darin, den Diskurs einem transzendenten, überdiskursiven Absoluten gegenüber verantwortlich zu machen – das wäre die Revolution im Sinne eines theologischen Verständnisses der Vernunft. Er besteht darin, die Logik der Explikation, die Brandom'sche Verpflichtung zur Extraktion von Gründen aus Ursachen, mit der Diagnose von unbewussten (sozialen oder sexuellen) Blockaden zu verbinden, die diese Extraktionsarbeit verhindern. Der Aufruf zur Zusammenführung der rationalen Explikation mit der Entzauberung der Vernunft ist der Aufruf zur Neugestaltung der Lebensform, in der die Pathologien der diskursiven und sozialen Praktiken ihre gemeinsame Wurzel haben.

Der Mensch

Die Privilegierung des Menschlichen steht für die »kritische« Geisteswissenschaft heute genauso unter Generalverdacht wie jede andere Art von Privileg. Die Auffassung der Besonderheit des Menschen, der menschliche Exzeptionalismus, ist für sie gleichbedeutend mit den diskriminierenden Logiken des Rassismus und Sexismus. Der Humanismus gilt lange nicht mehr als notwendiger Horizont jeder emanzipatorischen Politik, sondern als integraler Bestandteil einer Herrschaftslogik, die von der Unterwerfung der Natur ausgeht und in der Versklavung all derer kulminiert, die für Weniger-Als-Menschlich gehalten werden. So schreibt Rosi Braidotti im Namen der von ihr so bezeichneten »kritischen Posthumanities«: »Berufungen auf den ›Menschen‹ wirken immer diskriminierend: sie schaffen strukturelle Unterschiede und Ungleichheiten zwischen verschiedenen Kategorien von Menschen, geschweige denn zwischen Menschen und Nicht-Menschen.«[12]

---

12 Braidotti 2018, S.5. Braidotti definiert die »kritischen Posthumanities« als »überdisziplinäres, rhizomatisches Feld der zeitgenössischen Wissensproduktion, das mit der epistemischen Akzeleration des kognitiven Kapitalismus zwar benachbart, aber nicht identisch ist.« (2018, S. 22). Siehe auch Braidottis *Posthumanismus* (übers. v. Thomas Laugstien, Frankfurt, New York 2014) und das von ihr gemeinsam mit Maria Hlavajova herausgegebene *Posthuman Glossary* (London, New York 2018). Für eine repräsentative Übersicht zum Thema siehe *What is Posthumanism?* (hg. von Cary Wolfe, Minneapolis MN 2009) und *The Nonhuman Turn* (hg. von Richard Grusin, Minneapolis MN 2015). In der von Wolfe herausgegebenen *Posthumanities* Reihe der Minnesota Press sind seit 2007 fünfzig Titel erschienen.

Man könnte mit Alain Badiou erwidern, dass dieser Vorwurf gegen den Humanismus aus einer Verwechslung der restriktiven Spezifikation des Menschen (als weiß, männlich, heterosexuell, europäisch, etc.) mit dessen generischer Despezifikation folgt – der Mensch als das, was Badiou das »geleerte Tier«[13] bezeichnet, eine Ausnahme, die den unspezifizierten Teil von allem beinhaltet: weder weiß noch schwarz, weder männlich noch weiblich, weder heterosexuell noch homosexuell, etc. Nach Badiou verfährt die Universalisierung nicht, indem sie spezifische Prädikate generalisiert, sondern subtrahiert. Doch diese Subtraktion geschieht innerhalb eines bestehenden prädikativen Rahmens, den sie voraussetzen muss, um von ihm abweichen zu können. Sie ist keine Bewegung, die solche prädikativen Rahmen grundsätzlich in Frage stellt, sondern eine Logik der Ausnahme. Das erklärt vielleicht, warum es ihr nicht gelungen ist, den vorherrschenden nietzscheanischen Konsens infrage zu stellen, der Universalisierung mit materiell und diskursiv durchgesetzter Herrschaft gleichsetzt. Mit dem Schluss von Ausnahme auf Ausschluss ersetzt ein allumfassender Posthumanismus den Humanismus als politisch »progressive« Option im Einklang mit dem liberalen Ideal der Inklusivität, das heute im Zentrum der kritischen Geisteswissenschaften steht. Es geht nicht länger um die Emanzipation *des* Menschen, sondern *vom* Menschen als ausschließender Kategorie. Was wird vom Humanismus angeblich ausgeschlossen? Alterität: ethnische, sexuelle, biologische, etc. Doch Rassismus, Sexismus und Speziesismus bleiben partielle

---

[13] Badiou 2010, S. 134.

Indikatoren für eine tiefer liegende Xenophobie, deren Grundlage ontologisch ist. Sie beginnt mit der Unterscheidung zwischen Belebtem und Unbelebtem, zwischen »Begeistetem« [*the minded*] und »Unbegeistetem« [*the mindless*]. In dieser Hinsicht folgt der Posthumanismus aus einer metaphysischen Subversion des Humanismus, einer Subversion von Unten (die ich später am Beispiel der Dekonstruktion mit dessen Enthauptung von Oben kontrastieren werde). Die metaphysische Subversion des Humanismus besteht in der Unterminierung jeden Versuches, den Unterschied zwischen Menschen und Tieren zu *spezifizieren*, egal ob anhand der Fähigkeit zur Sprache (der Mensch ist das sprechende Tier), zur Vernunft (der Mensch ist das rationale Tier) oder zur Politik (der Mensch ist das politische Tier). Wenn die Sprache eine Art des Signalisierens, die Vernunft eine Art des Kalkulierens und die Politik eine Art des Kooperierens sind, dann werden die Unterschiede, die das Menschliche konstituieren sollten, in das Kontinuum biologischer Fähigkeiten zurückgeführt. Das, was den Menschen unterscheiden sollte, reduziert sich auf bestimmte Fähigkeiten, die Menschen mit anderen Tieren gemein haben. Diese Renaturalisierung des Menschlichen nimmt im zeitgenössischen philosophischen Diskurs zwei sehr unterschiedliche Formen an. Im Mainstream der angloamerikanischen Philosophie ist sie eine Schlussfolgerung aus der Tatsache, dass alle als typisch menschlich geltenden kognitiven Fähigkeiten evolutionären Ursprungs sind.[14] In der posthumanistischen Strö-

---

[14] Exemplarisch für diese Sorte des philosophischen Naturalismus ist Daniel C. Dennetts *Von den Bakterien zu Bach – und zurück. Die Evolution des Geistes*, übers. v. Jan-Erik Strasser, Berlin 2018.

mung der englischsprachigen kritischen Theorie dagegen entspringt sie einer animistischen Metaphysik, die alle Natur als lebendig versteht.[15] Es gibt also zweierlei Reduktionen des Menschlichen: eine positivistische und eine animistische. Obwohl Positivismus und Naturalismus normalerweise als Gegensätze verstanden werden, nutze ich den Begriff des Naturalismus hier, um all jene philosophischen Strömungen zu beschreiben, für die die Wissenschaft den Bereich des Wissens absteckt und die Kultur mit der Natur ein Kontinuum bildet. Auch der Animismus ist demnach eine Art Naturalismus, der von einem metaphysischen Naturbegriff ausgeht. Der Gegensatz zwischen Positivismus und Animismus besteht also nicht zwischen Naturalismus und Anti-Naturalismus, sondern zwischen wissenschaftlichem und spekulativem Naturalismus. Beide sind sich einig in der Auffassung, dass Kultur und Natur unterschwellig ein Kontinuum bilden. Während der wissenschaftliche Naturalismus zu erklären versucht, wie die menschliche »Geistigkeit« [*mindedness*] aus nicht-geistigen, aber wissenschaftlich erfassbaren Prozessen hervorgeht, weist der spekulative Naturalismus jeden modernen wissenschaftlichen »Reduktionismus« zurück und schreibt stattdessen allem Geistigkeit zu, um Kultur und Natur wieder zu vereinigen. Für diejenigen, die sich diese zweite Position zu eigen

---

15 Siehe bspw.: Jane Bennett, *Lebhafte Materie. Eine politische Ökologie der Dinge*, übers. v. Max Henninger, Berlin 2020. Und Braidotti: »Weil alle Materie und Substanz Eins und sich selbst immanent ist, ist sie in menschlichen und nicht-menschlichen Organismen gleichermaßen intelligent und selbstorganisierend. Die lebendige Materie ist getrieben durch den ontologischen Wunsch nach dem Ausdruck ihrer innersten Freiheit (conatus).« Braidotti 2018, S. 4.

machen, ist die Allgegenwart von Geistigkeit (verstanden als Empfindungsfähigkeit und nicht als Verstandesfähigkeit) eine Konsequenz der poststrukturalistischen »Dezentrierung des Subjektes«. Die Destitution des Subjektes als »*Ich*, das *Wir*, und *Wir*, das *Ich* ist«[16], das den Kern der von Kant und Hegel eingeleiteten philosophischen Moderne ausmacht, bedeutet somit das Ende des Anthropozentrismus und den Beginn eines postmodernen Animismus, für den der Anthropomorphismus kein Irrtum mehr ist, sondern emanzipatorische Verpflichtung.[17]

Der wissenschaftliche Naturalismus ist mutiger, denn er lehnt beides ab: Anthropomorphismus und Anthropozentrismus. Subjektivität versteht er als ein kognitiv nachvollziehbares, natürliches Phänomen; zum Beispiel als die Einbindung eines transparenten Selbst-Modells in dem Welt-Modell eines Repräsentationssystems.[18] Nichtsdestotrotz sind sich Positivismus und Animismus

---

16 Hegel 1989, S. 145.

17 Siehe z. B. Eduardo Kohn, *How Forests Think. Towards an Anthropology Beyond the Human*, Berkeley CA 2013 und Eduardo Viveiros de Castro, *Kannibalische Metaphysiken. Elemente einer post-strukturalen Anthropologie*, übers. v. Theresa Mentrup, Leipzig 2019. Bruno Latour ist vielleicht der wichtigste Vorläufer dieser Strömung des posthumanistischen Denkens. Siehe *Wir sind nie modern gewesen – Versuch einer symmetrischen Anthropologie*, übers. v. Gustav Roßler, Frankfurt a. M. 2008. Ich habe Latours philosophische Aussagen anderswo kritisiert, siehe »Concepts and Objects«, in: Levi Bryant, Nick Srnicek, Graham Harman (Hg.), *The Speculative Turn. Continental Realism and Materialism*, Melbourne 2011, S. 47-65.

18 Siehe beispielsweise Thomas Metzingers *Being No One. The Self-Model Theory of Subjectivity*, Cambridge MA 2003, sowie das von Metzinger herausgegebene *Bewußtsein. Beiträge aus der Gegenwartsphilosophie*, Paderborn 1995. Mir geht es hier nicht darum, Metzingers Philosophie unkritisch beizustimmen (denn sie übergeht vor-

einig in ihrer Ablehnung gegenüber Kants transzendentaler Korrelation zwischen denkendem Subjekt und denkbarem Objekt. Doch aus Kants kritischer Abgrenzung von Ursache und Rechtfertigung folgt, dass das erkennende Subjekt weder Substanz (Descartes), noch ein Bündel von Erfahrungen (Hume) ist, sondern eine epistemische Funktion, die nicht innerhalb der Welt lokalisiert werden kann, deren Erfahrung sie ermöglicht. Kant desubstanzialisiert das Subjekt also, indem er es von der Realität, die es bedingt, abzieht. Indem sie Kants Unterscheidung von Ursache und Rechtfertigung ablehnen, schreiben Positivismus und Animismus die Subjektivität wieder in die Realität ein, und resubstanzialisieren sie somit. Der Animismus tut dies ganz unmittelbar durch einen Panpsychismus, der alle Dinge für denkend hält. Der Positivismus auf weniger direkte aber ebenso metaphysische Weise, indem er die wissenschaftliche Perspektive in die Realität reintegriert, die diese beschreiben und erklären möchte. Wissenschaft ist demnach kein »Blick von nirgendwo«, sondern eine spezielle Perspektive auf die Realität, die von Organismen verkörpert wird, die eine spezifische biologische Geschichte und kognitive Voreinstellungen mit sich bringen. Indem sie Kants Unterscheidung zwischen der kausalen Ätiologie des Wissens und dessen normativer Begründung aufgeben, relativieren sowohl Positivismus als auch Animismus ihre eigenen kognitiven Aus-

---

eilig das Problem der Realität der Erscheinung). Vielmehr möchte ich auf sie hinweisen, weil sie ein wichtiger Versuch ist, das Phänomen des subjektiven Bewusstseins eines Ich mit den Mitteln der zeitgenössischen Naturwissenschaft (insbesondere der Neurobiologie und der kognitiven Neurowissenschaft) zu erklären.

sagen auf eine Weise, die zwischen empirischem Skeptizismus und metaphysischem Perspektivismus hin und her schwankt. Die skeptische Tendenz zeigt sich in der pessimistischen Meta-Induktion und in der Auffassung, dass die Wissenschaft sich nicht mehr auf eine übergreifende Einheit berufen kann. Das perspektivistische Gegenstück dazu besagt, dass die Realität so viele unterschiedliche Facetten haben kann, wie es Vokabulare für deren Beschreibung gibt. Beide Tendenzen zeichnen sich in der neueren Wissenschaftsphilosophie ab.[19] In beiden Fällen wird Subjektivität als Bedingung und Bedingtes der von ihm erkannten Realität reifiziert.

Die Ethik der Affirmation

Im Posthumanismus ist diese Reifizierung der Subjektivität eine Folge der Affirmation der Kontinuität zwischen Menschlichem und Nicht-Menschlichem. Diese Kontinuität ist in den Tropen der Hybridität, der Verschränkung und des Gefüges kodifiziert, die in posthumanistischen Schriften allgegenwärtig sind. Durch sie werden Natur und Kultur wiedervereinigt, allerdings auf Kosten der Naturalisierung und Verewigung von historisch spezifischen sozialen Formen wie dem Netzwerk. Diese Naturalisierung soll das ontologische Ungleichgewicht einebnen, das durch Kants

---

19 Siehe zum Beispiel John Duprés *The Disorder of Things: Metaphysical Foundations of the Disunity of Science*, Cambridge MA 1995, sowie N. Cartwright, *The Dappled World. A Study of the Boundaries of Science*, Cambridge MA 1999.

Erhöhung des menschlichen Subjekts über die Natur, die von ihm ihre Gesetze erhält, eingeführt wurde; eine Erhöhung, die gleichzeitig Gott auf den Status einer regulativen Idee der Vernunft reduzierte. Kants Erhöhung des Menschlichen und Erniedrigung des Göttlichen bereitete den Weg für Marx' Aussage, dass »die Kritik der Religion mit der Lehre [endet], dass der Mensch das höchste Wesen für den Menschen sei, also mit dem kategorischen Imperativ, alle Verhältnisse umzuwerfen, in denen der Mensch ein erniedrigtes, ein geknechtetes, ein verlassenes, ein verächtliches Wesen ist.«[20] Dass der Mensch für den Menschen das höchste Wesen ist, folgt aus der Erkenntnis, dass der Wert keine transzendente Quelle hat, dass er aus der menschlichen Subjektivität entspringt, nicht aus den Dingen-an-sich. Das Subjekt ist eine Tätigkeit, keine Substanz; eine Tätigkeit, deren kognitive Aspekte, die Kant bevorzugt, mit sozialen und historischen Faktoren verflochten sind, die von Hegel und Marx aufgedeckt wurden. Nur weil der Posthumanismus das Subjekt als einen Pol des Selbstbezugs reifiziert, kann er dem Anthropozentrismus von Kant, Hegel und Marx die Etablierung einer illegitimen ontologischen Hierarchie vorwerfen. Während der Humanismus also die Unterwerfung der Menschheit durch das Nicht-Menschliche zu negieren versuchte, affirmiert der Posthumanismus die nicht-menschliche Alterität, um deren Unterwerfung durch den Menschen auszugleichen. Ich benutze das Wort »ausgleichen« [*redress*] hier mit Absicht. Die Unterordnung der Negation

20 Marx 1976b, S. 385.

unter die Affirmation, wie sie in Deleuzes Nietzsche-Lektüre[21] kodifiziert ist, steht für die Unterordnung der Politik unter die Ethik, der Geschichte unter die Ontologie. Das Ergebnis ist die gleichzeitige Ontologisierung der Ethik und »Ethisierung« der Ontologie in Deleuzes Spinoza-Lektüre. Diese doppelte Bewegung erklärt, warum der Posthumanismus einerseits Alterität affirmieren und Unterwerfung verurteilen, und andererseits jede auf den Menschen gerichtete Argumentation für die Richtigkeit der Alterität oder die Falschheit der Unterwerfung ablehnen kann. Differenz als Sein und Differenz als Ethos verschmelzen in der Affirmation. Doch wenn Differenz das Ungleiche-an-sich ist, wie Deleuze behauptet, dann wird mit der Differenz auch die Ungleichheit affirmiert.[22] Deleuze könnte sich nicht deutlicher ausdrücken: »Es mag also zutreffen, dass Gott die Welt mit seinen Rechnungen erschafft, aber diese Rechnungen gehen niemals auf, und diese Unstimmigkeit im Ergebnis, diese irreduzible Ungleichung bildet die Bedingung der Welt.«[23] Die Differenz zu affirmieren bedeutet, sie vom Gleichheitszwang zu befreien. Zudem trennt das Ethos der Differenz Gleichheit von Gerechtigkeit. Gerechtigkeit ist demnach die Aufspaltung irreduzibler Differenzen, eine Verbeugung vor dem nietzscheanischen »Pathos der Distanz«. Doch das Pathos der Distanz kann mit einer emanzipatorischen Politik nur zusammengebracht werden, wenn alle Differenzen, inklusive jener des Kapitalismus, gebilligt werden. Daher schreibt Braidotti:

---

21 Siehe Deleuze 2002.

22 Deleuze 1992, S. 123, S. 294 ff.

23 Ibid, S. 281.

> [D]ie posthumanistische Wissenschaft […] grenzt an und harmoniert mit dem biogenetischen und technologisch vermittelten fortgeschrittenen Kapitalismus. Warum ist sie nicht nur eine epistemische Form des Akzelerationismus? Die Antwort liegt in einer affirmativen Ethik, und die politische Praxis ist die kollektive Gegenaktualisierung des Virtuellen. Das Bollwerk gegen die negative, entropische Raserei der kapitalistischen Axiomatik ist durch eine Politik gegeben, die sich aus der Ethik der Affirmation ergibt. Das Politische beginnt mit der Entschleunigung, mit der Komposition von transversalen Subjektgefügen, die das nicht-realisierte oder virtuelle Potenzial dessen verwirklichen, was Deleuze ein ›fehlendes Volk‹ nennt. In der alten Sprache: entschleunigt und beteiligt euch an der kollektiven Konstruktion von sozialen Horizonten der Hoffnung.[24]

Die Politik der Entschleunigung passt nicht ganz zur Ethik der Affirmation. Braidotti folgt Deleuze und Guattaris metaphysischer Definition des Kapitalismus, nach der die kapitalistische Reterritorialisierung das entropische Überbleibsel einer primären Deterritorialisierung ist, die mit dem kreativen Leben synonym ist. Doch weil diese Argumentation den Kern der Marxschen Analyse aufgibt, nach der das Kapital ein »sich bewegender Widerspruch« ist, der gezwungen ist, eine immer größere Menge an Mehrwert aus einer immer kleineren Menge an notwendiger Arbeit zu gewinnen, führt sie uns in einen ebenso metaphysischen Anti-Kapitalismus, in dem die kreative Affirmation die Abschaffung

24 Braidotti 2018, S. 11.

der sozialen Formen obsolet macht, die der Motor dieses sich bewegenden Widerspruchs sind: Ware, Klasse, Lohnarbeit, etc. Isabelle Garo hat gezeigt, wie Deleuze und Guattari in *Anti-Ödipus* den Namen »Marx« als Banner der Radikalität gebrauchen, um ihre emphatische Ablehnung seiner Analyse des Kapitalismus umso besser zu verschleiern. Diese Ablehnung lässt sich auf drei Kernaussagen herunterbrechen:

1) Sogar nachdem sie die feudale Hierarchie überwunden und das Zeitalter des Kapitals eingeleitet hat, bleibt die Bourgeoisie, nicht das Proletariat, die einzige revolutionäre Klasse: »Die gesamte Geschichte als eine von Klassenkämpfen lesen heißt, sie in Abhängigkeit von der Bourgeoisie als decodierender und decodierter Klasse lesen. Sie bildet, insofern sie den Kampf gegen die Codes führt und mit der generalisierten Decodierung der Ströme verschmilzt, als solche die *einzige* Klasse.«[25]
2) Die wesentliche Funktion des Staates besteht nicht in der Verteidigung der Interessen der herrschenden Klasse, sondern in der Übercodierung der Wünsche: »Die Übercodierung ist jene die Essenz des Staates ausmachende Operation, die in einem seine Kontinuität und seinen Bruch mit den alten Formationen regelt: der Schrecken vor Wunschströmen, die nicht codiert sind [...]«[26]

---

25 Deleuze und Guattari 1977, S. 327.

26 Ibid., S. 256.

3) Der grundlegende Antagonismus ist nicht der Klassenkampf zwischen Kapitalistînnen und Proletarierînnen, sondern die ontologische Aufspaltung von codierten und decodierten Strömen, oder von der sozialen Maschine und den Wunschmaschinen: »Kurz, der theoretische Gegensatz besteht nicht zwischen zwei Klassen, weil der Begriff der Klasse, da doch das Negativ der Codes bezeichnend, selbst noch impliziert, daß nur eine Klasse existiert. Der theoretische Gegensatz liegt woanders: zwischen den decodierten Strömen, die in eine Klassenaxiomatik auf dem vollen Körper des Kapitals eingehen, und jenen decodierten Strömen, die sich von dieser Axiomatik nicht weniger befreien als vom despotischen Signifikanten [...]. Er liegt zwischen der Klasse und jenen außerhalb der Klasse, den Klassenlosen.«[27]

Statt des Klassenkampfes also der Kampf der Codes; statt der Herrschaft der Klasse die Herrschaft der Codes; statt des Widerspruchs zwischen der Reproduktion der Menschen und der Reproduktion des Kapitals, die Kluft zwischen der menschlichen Gesellschaft und den »decodierten Strömen« der Natur.[28] Marx' Denaturalisierung von sozialen Gegensätzen war der Auftakt für die Transformation der Beziehung der Menschheit zu ihrem anorganischen Körper, der Natur. Deleuze und Guattari dagegen

---

27 Ibid., S. 238.

28 Wie Garo beschreibt, sind die Begriffe dieser Ersetzungen zwar typisch für Deleuze und Guattari, die Schlussfolgerungen jedoch nicht: sie finden sich bei mehreren ihrer Zeitgenossen, z. B. Alain Touraine, André Gorz, Serge Mallet, Cornelius Castoriadis und Michel Foucault. Siehe Isabelle Garo 2011, S. 224-225.

renaturalisieren soziale Gegensätze, um die decodierten Ströme der Natur von den Fesseln der menschlichen Gesellschaft und deren despotischen Avataren – dem Staat, dem Signifikanten und dem Subjekt – zu befreien.

Obwohl er zur Entschleunigung aufruft, teilt Braidottis Posthumanismus mit seinen akzelerationistischen Verwandten Deleuze und Guattaris metaphysische Bevorzugung von Kreativität vor Reaktivität, von Decodierung vor Codierung. »Kritisch« ist er, weil er die sozialen Konsequenzen der kreativen Zerstörung des Kapitals nicht begrüßt, sondern abzumildern versucht. Doch Braidottis Appell an »unrealisierte oder virtuelle Potentiale« widerspricht ihrem Deleuzianismus. Deleuze spielt das Virtuelle und Aktuelle gegen Potenz und Akt der aristotelischen Philosophie aus. Während letztere gleiche Hälften eines mehrdeutigen Seins sind, konstituieren erstere die ungleichen Hälften eines eindeutigen Seins. Während die Potenz noch nicht präsent ist, ist das Virtuelle unpräsentierbar. Diese Doppeldeutigkeit liegt Braidottis »Hoffnung« als einem noch unrealisierten, aber präsenten Potenzial zugrunde; eine Hoffnung, die die Notwendigkeit der Abschaffung der sozialen Verhältnisse, die die Grenze zwischen Präsentierbarem und Unpräsentierbarem aufrecht erhalten, unterminiert. Weil sie den Logiken des Kapitals vollkommen immanent ist, ist die für Braidottis Hoffnung nötige Gegenaktualisierung von virtuellen Potenzialen gleichbedeutend mit der Kultivierung von Empowerment im Rahmen der existierenden sozialen Verhältnisse. Das wird noch deutlicher, wenn wir uns in Erinnerung rufen, dass Deleuze den Begriff des »fehlenden Volkes« nutzt, um auf die Desintegration proletarischer Einheit und die Destitution der revolutionären Transformation hinzuweisen:

> Wenn das Volk fehlt, wenn es kein Bewusstsein, keine Evolution und keine Revolution mehr gibt, dann ist das Schema der Umkehrung selbst unmöglich geworden. Es wird keine Machtergreifung eines Proletariats, eines geeinten oder vereinigten Volkes mehr geben.[29]

Dass Deleuze die Revolution mit einer Umkehrung gleichsetzt, ist ebenso tendenziös wie seine Reduktion proletarischer Einheit auf ein »Bewusstsein« – sie ist besser und materialistischer definiert als die Reduktion der Arbeiterïnnen auf ihre Arbeitskraft. Bei Braidotti fällt auf, dass die von ihr genannten Kategorien des »Fehlenden« – indigen, feministisch, queer, anders befähigt, etc. – ein durch den kapitalistischen Neoliberalismus bereits anerkanntes Ausgeschlossenes identifizieren und nicht auf ein Unpräsentierbares hindeuten, das die neoliberale Logik der Inkorporation (d. h. der Subsumtion unter das Kapital) zerstören könnte. Was laut Braidotti »fehlt« ist ganz einfach das, was noch nicht eingeschlossen wurde. Und weil der Kapitalismus den bürgerlichen Humanismus mit seiner Personifikation von Dingen (und Körperschaften) bereits ausgehöhlt hat, reduzieren sich die »sozialen Horizonte der Hoffnung« auf ein »künftiges Volk« im Kapitalismus auf die Aussage, dass Indigene, Feministinnen, Queers und Andersbefähigte genauso als »Personen« zählen sollten, wie Dinge.

---

29 Deleuze 1991, S. 282-283, Übersetzung modifiziert.

Natürlich lehnt der Posthumanismus genau diese Unterscheidung zwischen Menschen und Dingen als Grundlage des menschlichen Exzeptionalismus ab. Daher ist es wichtig, festzuhalten, dass der »Humanismus« der Marx'schen Kritik des Warenfetischismus nicht spezifisch ist, sondern generisch. Das bedeutet, dass die menschliche *Ungleichheit* nicht durch irgendeine determinierbare Differenz spezifiziert werden kann (wir kommen später darauf zurück). Marx' Kritik kann also nicht auf die Auffassung reduziert werden, dass der Kapitalismus die grundlegende Differenz zwischen Menschen und Dingen, Subjekten und Objekten verwischt. Die kapitalistische Warenproduktion beruht auf der Enteignung der gemeinschaftlichen Produktionsmittel; eine Enteignung, durch die sowohl diese Mittel als auch die durch sie im Produktionsprozess absorbierte Arbeit privatisiert werden. Das Ergebnis dieser privatisierenden Enteignung sind die kapitalistischen Klassenverhältnisse, in denen die Eigentumsbeziehung das Personsein ratifiziert und Kapitalistïnnen von Proletarierïnnen scheidet. Personen sind Eigentümerïnnen, entweder von Kapital oder von Arbeitskraft. Doch diese Personifizierung wird durch unpersönliche soziale Verhältnisse erzwungen, die auch eine Reifizierung bewirken: die Transposition von Beziehungen zwischen Produzentïnnen (Lohnarbeiterïnnen) in Beziehungen zwischen Produkten (Waren). Diese Reifizierung ist eine vordergründige Sozialisation von Beziehungen zwischen Waren, die die Privatisierung der Arbeit und der Mittel, durch die diese Waren produziert wurden, verschleiert. Marx' Kritik des Warenfetischismus setzt bei weitem keine metaphysische Differenz zwischen Menschen und Dingen voraus, sondern enthüllt, wie Personifizierung und Reifizierung in der kapitalistischen Kultur Hand in Hand gehen. Die Reifizierung von Personen folgt aus der Tatsache, dass die Anerkennung des Personseins auf einer Aberkennung beruht: nicht die Aberkennung irgendeines spezifizierbaren menschlichen Wesens (das von Marx in seiner sechsten These über Feuerbach als »stumme Gattung« verspottet wird, die die Individuen einer Spezies natürlich verbände), sondern eines kollektiven sozialen Vermögens (im »ensemble der gesellschaftlichen Verhältnisse«). Es ist diese Aberkennung eines kollektiven Vermögens, die Arbeiterïnnen auf ihre Arbeitskraft reduziert und Kapitalistïnnen zu Handlangern der Wertschöpfung macht. Der Dualismus von Person und Ding, von Subjekt und Objekt, ist Folge, nicht Voraussetzung dieser Aberkennung. Aberkannt wird das externalisierende Handeln kollektiver Reproduktion, die Kollektivität als Externalisierung, und nicht irgendein eigenes Wesen. Was den Menschen für Marx als Ausnahme konstituiert – oder besser: was den Menschen denaturalisiert – hängt von keiner positiv spezifizierbaren Differenz ab. Menschen *erzeugen* die Differenz durch ihre historisch wandelbaren Formen der sozialen Reproduktion. Die Merkmale anhand derer wir diese Differenz zu spezifizieren versuchen, z. B. die Eigentumsbeziehung, die das Personsein definiert, spiegeln soziale Formen wider, die durch das hervorgebracht werden, was wir tun, ohne zu wissen, dass wir es tun. Auf dieses praktische Unwissen verweist Marx' Aufruf an ein kollektives soziales Vermögen. Der Begriff »Mensch« benennt keine spezifizierbare Seinsweise – das Selbst, das souveräne Individuum oder »das Dasein, das je meines ist«[30]. Er verweist auf den blinden Fleck zwischen den historisch spezifischen Determinationen des Menschlichen (als politisches Tier, rationales Tier, ökonomisches Tier, aber auch als Seele, Subjekt, Existenz, etc.) und der sozialen Produktion als generischer Tätigkeit, die solche Determinationen hervorbringt. Der Posthumanismus verurteilt diese Determinationen als diskriminierend und löst die ihnen zugrundeliegende determinierende Tätigkeit gleichzeitig in einer von Flüssen und Rückflüssen beherrschten Natur auf. Im Namen des Ideals der Inklusivität, das der Logik der Kommodifizierung folgt, ordnet er die soziale Produktion dem Naturgesetz unter. Dies fügt sich nahtlos in die Logik des Liberalismus, die mit der ontologischen Ratifizierung der Personifizierung von Dingen und der Reifizierung von Personen in der formalen Äquivalenz von Menschen und Nicht-Menschen ihren Höhepunkt findet – formal, weil sie von materiellen Unterschieden im funktionalen Vermögen unweigerlich abstrahieren muss. Daher die Berufung auf eine einzige Qualität, z. B. Empfindungsfähigkeit, als Medium der Äquivalenz; daher auch die Kongruenz zwischen Posthumanismus und Panpsychismus. Die ideologische Konsequenz dieser Äquivalenz ist eine »Ethik der Affirmation«, die die kapitalistische Unterteilung von Klasse in sich verzweigende Fragmente von »Rasse«, Gender, Kultur, etc. nicht nur verschleiert, sondern verfestigt.

Doch es reicht nicht, den konservativen Kern hinter dem radikalen Anschein des Posthumanismus offenzulegen, oder die generische Despezifizierung des Menschen abstrakt seiner restrik-

---

30 Heidegger 1967, S. 42.

tiven Spezifizierung gegenüberzustellen. Stattdessen müsste gezeigt werden, wie Spezifizierung und Despezifizierung im Kapitalismus als historisch spezifischer Produktionsweise Hand in Hand gehen; oder, präziser, wie das Zusammenspiel zwischen sozialer Produktion auf der einen und Wertreproduktion auf der anderen Seite die Konturen des Menschlichen auflöst und umformt. Ich kann dieses Thema hier nicht vertiefen und möchte stattdessen eine weitere Kritik des Humanismus in Betracht ziehen; eine Kritik, die es sich nicht anmaßt, das Zeitalter des Posthumanismus per metaphysischem Dekret einzuleiten, sondern die zu zeigen versucht, wie der Humanismus selbst das Ende des Menschen vorschreibt. Dies ist das philosophische Verdienst von Derridas »Fines hominis«[31].

Fines hominis

Die »Enden«[32], um die es hier geht, sind nicht nur zweierlei, sondern gegensätzlich: das »Ende« als Nichtigkeit, Schluss, Grenze; aber auch als Vollendung, Öffnung, Zweck. Derrida argumentiert, dass erstere Bedeutung die zweite *bedingt*: das Ende des Menschen ist notwendig für seine Vollendung. Das Ende ist, präziser, das gleichzeitige Entstehen und Vergehen seiner Voll-

---

31 Jacques Derrida 1999.

32 [A. d. Ü.: Das lateinische Wort »finis« sowie das englische »end« und das französische »fin« können im Deutschen mit »Ende« oder »Zweck« (Telos) übersetzt werden.]

endung[33]. Der Humanismus erlangt metaphysische Kohärenz, indem er Ende und Vollendung in der Figur des Todes verflicht. Beispielhaft für diese Verflechtung sind sowohl Hegels *Geist* (»das Ich, das Wir ist«), als auch Heideggers *Dasein* (»das Sein, das je meines ist«). Laut Derrida ist der Hegelsche Geist die noch zu metaphysische Präfiguration von Heideggers Dasein, das, als ultimative metaphysische Konfiguration des Menschen, genau darum aus seinem eigenen Tod heraus lebt, weil das Sterben ihm am eigensten ist. Die Ausnahme des Menschen verwirklicht sich in der Offenbarung seiner möglichen Auslöschung.

Derrida argumentiert in zwei Schritten. Zuerst mit der Behauptung, dass Hegels Verbindung des natürlichen und philosophischen Bewusstseins im Zusammenfall des »Ich« mit dem »Wir« (des individuellen mit dem generischen Bewusstsein) die erreichte *Parousie* des »absoluten Geistes«[34] voraussetzt:

> Das *Wir*, das in der *Phänomenologie des Geistes* das natürliche und das philosophische Bewusstsein untereinander artikuliert, sichert dem feststehenden und zentralen Seienden, für das jene zirkuläre Wiederaneignung sich produziert, die Nähe zu sich.

---

33 Diese Logik bleibt dekonstruktiv, weil sie verhindern muss, dass die Antinomie von Ende und Vollendung sich zu einem Widerspruch entfaltet, die in einer bestimmten Negation aufgehoben werden könnte.

34 Den Derrida in einem anderen Essay des gleichen Buches (»Der Schacht und die Pyramide«) wie folgt beschreibt: »Der absolute Geist: *an sich* und *für sich* seiende Einheit der Objektivität des Geistes und seiner Idealität oder seines Begriffs. Die sich ewig produzierende Einheit, der Geist in seiner absoluten Wahrheit – der *absolute Geist.*« Derrida 1999, S. 97.

> Das *Wir* ist die Einheit des Absoluten Wissens und der Anthropologie, Gottes und des Menschen, der Onto-theo-teleologie und des Humanismus.[35]

Natürlich findet man diese Charakterisierung des Hegelschen Geistes als »feststehendes und zentrales Seiendes«, das Gott und den Menschen vereint, nicht nur bei Derrida; sie ist eine wiederkehrende (um nicht zu sagen obsessive) Denkfigur der Generation französischer Philosophen, zu der auch Derrida gehörte (Althusser, Deleuze, Foucault, Lyotard). Wir werden sie weiter unten kritisch untersuchen. In einem zweiten Argumentationsschritt behauptet Derrida, dass Heideggers eigene Desubstanzialisierung der Subjektivität in *Sein und Zeit* deren metaphysisches Privileg insofern fortschreibt, als das Selbstverständnis des Daseins eine Form der Selbstpräsenz bleibt:

> Diese Selbstpräsenz, diese absolute Nähe des (fragenden) Seienden zu sich selbst, diese Vertrautheit des Seienden mit sich selbst, das bereit ist, das Sein zu verstehen, ist es, die bei der Bestimmung des *Faktums* interveniert, die die Wahl des exemplarischen Seienden, des Textes, des guten Textes für die Hermeneutik des Sinnes vom Sein motiviert.[36]

Derrida zufolge widerspricht die Annahme, dass das Dasein über ein Vorverständnis des Seins verfügt, der Radikalität der Heideg-

---

35 Derrida 1999, S. 144.

36 Ibid., S. 148.

ger'schen Dekonstruktion von Subjektivität. Heidegger nimmt an, dass das Vorverständnis, das im praktischen Verhalten des Daseins gegenüber dem Seienden (einschließlich seiner selbst) implizit ist, ontologisch explizit gemacht werden kann. Doch die Dekonstruktion von Subjektivität wird durch die Prämisse der Sinnhaftigkeit des Seins verhindert, weil der Sinn (zumindest nach Derridas Husserl-Lektüre) die Verschmelzung von Intendieren und Intendiertem im Bewusstsein (von *Noesis* und *Noema* oder Vermeinen und Vermeintem) voraussetzt. Heidegger weist natürlich zurück, dass das Intendierte dem Intendieren, oder das Vermeinte dem Vermeinen (*vouloir dire*) unmittelbar transparent ist. Er führt eine Distanz in diese phänomenologische Nähe ein, indem er darauf besteht, dass das im praktischen Verhalten Vorverstandene dem Selbstbewusstsein nicht transparent und zugänglich ist. Es kann nicht einfach hergeleitet oder beschrieben werden; es muss ans Licht gebracht, ausgegraben, enthüllt, das heißt interpretiert werden. Die Interpretation als Explikation des Impliziten geschieht in der Kluft zwischen Nah und Fern. Wie Derrida bemerkt, ersetzt die Beziehung zwischen dem Impliziten und Expliziten die Dialektik des Vermittelten und Unmittelbaren: die Explikation ersetzt die Vermittlung[37]. Dass das Dasein sich selbst und andere Seiende versteht, impliziert, dass es das Sein an sich versteht. Sogar sein »durchschnittliches alltägliches« Selbstverständnis als ein Ding unter anderen setzt ein Verständnis von Dinglichkeit voraus, das ontologischer Herkunft ist. Doch dieses Intervall zwischen dem ontisch Nahen und dem

[37] Fußnote 21, ibid., S. 379.

ontologisch Fernen (letztendlich der Nexus von Immanenz und Transzendenz) erlaubt keine Vermittlung. In der Artikulation von implizit und explizit wiederholt sich die phänomenologische Einheit von Intendieren und Intendiertem (von Vermeinen und Vermeintem), weil das Ontische und das Ontologische *im* Vorontologischen bereits vermischt sind. Daher schreibt Heidegger: »Dasein ist ihm selbst ontisch ›am nächsten‹, ontologisch am fernsten, aber vorontologisch doch nicht fremd.«[38] Nähe und Ferne artikulieren sich im Rahmen der Intimität des Daseins mit dem Sein; in der Untrennbarkeit von Entwurf und Entworfenem. Nur dadurch kann Heidegger darauf bestehen, dass das Dasein sich »an ihm selbst von ihm selbst her zeigen«[39] muss. Das Sich-Selbst-Zeigen des Daseins ist ein Modus der Enthüllung des Seins. Daraus folgt, in Derridas Worten:

> Wenn ›das Sein weiter denn alles Seiende und gleichwohl dem Menschen näher als jedes Seiende‹ ist, wenn ›das Sein das Nächste‹ ist, muss sich sagen lassen, dass das Sein *das Nahe* des Menschen ist und dass der Mensch *der Nahe* des Seins ist. Das Nahe ist das Eigene; das Eigene ist das Nähere (*propre/proprius).* Der Mensch ist das Eigene des Seins, das ganz nah an seinem Ohr spricht, das Sein ist das Eigene des Menschen, so lautet die Wahrheit, die spricht, so lautet der Satz, der das *Da* der Wahrheit des Seins und die Wahrheit des Menschen hergibt.[40]

---

38 Heidegger 1967, S. 16.

39 Ibid.

40 Derrida 1999, S. 153.

Diese ursprüngliche Eigentlichkeit, die den Menschen an das Sein und das Sein an den Menschen bindet, erlaubt es Heidegger, den Sinn des Seins mit der menschlichen Endlichkeit, die Idealität mit der Sterblichkeit zu verknüpfen. Das Dasein verhält sich zu sich selbst in und durch die Vorahnung seines Todes als seiner »eigensten Möglichkeit«. Dadurch begreift es sich selbst in seiner Differenz zu anderen Seienden (ob als Zuhandenes oder Vorhandenes) und entwirft den Sinn seines eigenen Seins in Bezug zum Sein an sich. Doch dieser Entwurf ist Metaphysik. Heideggers Bestimmung der Grenzen der Metaphysik innerhalb einer von ihm so genannten »fundamentalen Ontologie« – die die Nichtreduzierbarkeit des Seins auf Repräsentation oder Vorhandenheit festsetzt – eröffnet daher ebenso deren Möglichkeit. Es ist diese Verflechtung von Grenze und Zweck, von Ende und Öffnung in Heideggers Versuch, die metaphysische Substanzialisierung (und daher Reduktion) des menschlichen Seins zu überwinden, auf die Derrida anspielt, wenn er schreibt:

> Das Ende des Menschen (als faktische anthropologische Grenze) tut sich dem Denken kund vom Ende des Menschen her (als bestimmte Eröffnung oder Unendlichkeit eines *Telos*). Der Mensch ist das, was einen Bezug auf sein Ende hat, im grundlegend äquivoken Sinn des Wortes. Seit jeher. Das transzendentale Ende kann nur unter Bedingung der Sterblichkeit, des Bezuges auf die Endlichkeit als Ursprung der Idealität, erscheinen und sich entfalten. Der Name des Menschen hat sich immer zwischen diesen beiden Enden in die Metaphysik eingeschrieben.

Er hat nirgends anders als in dieser eschatoteleologischen Situation einen Sinn.[41]

Der Humanismus kann nur metaphysisch sein, weil der Mensch seine Transzendenz als eigentlich metaphysisches Sein nur in Bezug auf seinen Tod erreicht. Und weil die Metaphysik dem Menschen eigen ist, führt jeder Versuch, den Humanismus metaphysisch zu überwinden unweigerlich in einen degradierten Humanismus, d. h. Anthropomorphismus. Für Derrida wird daher durch die Ausrufung einer schon post-metaphysischen oder post-humanen Ära die Komplizität aufrechterhalten, durch die die beiden Enden – das der Metaphysik und das des Menschen – einander fortschreiben. Das Ende der Metaphysik ist das Fortbestehen des Menschen; das Ende des Menschen ist das Fortbestehen der Metaphysik. Auf die Wahl gestellt zwischen der Explikation des Impliziten (das einen »Autismus der Umschließung« zu erhalten droht) und der brutalen Affirmation der Exteriorität (die den »neuen Standort auf ältesten Boden« zu holen droht) schlägt Derrida zweierlei vor: Erstens, gegen die phänomenologische, in Heideggers fundamentaler Ontologie noch erkennbare »Reduktion *auf* den Sinn«, eine »Reduktion *des* Sinnes«, die dessen Möglichkeit auf Grundlage einer »formalen Organisation, die in sich selbst keinen Sinn hat« determinieren würde. Zweitens eine »neue Schrift«, die einen »Wechsel des Stils« mit sich bringen und Explikation und Affirmation »verweben und verknüpfen« wür-

---

41 Ibid., S. 145.

de[42]; eine Schrift, durch die eine »noch unvordenklichere Differenz gegeben wäre, als der Unterschied zwischen Sein und Seiendem«; jenseits der Differenz zwischen Gegenwart und Gegenwärtigem (Heideggers Anwesen und Anwesendem); eine Schrift »ohne Anwesenheit und ohne Abwesenheit, ohne Geschichte, Ursache, *arché* oder *telos*, welche die gesamte Dialektik, Theologie, Teleologie und Ontologie vollkommen derangierte.«[43]

Form und Gegenwart

Derridas Aufforderung zur Reduktion des Sinns gegen alle Versuche, dem Sein das Wort zu reden, hat bis heute all seine Relevanz behalten. Das Sein flüstert uns seinen Sinn nicht ins Ohr. Doch wie können wir bestimmen, was einer Schrift ohne Prinzip und Zweck, d. h. ohne konzeptuelle Form entzogen wurde? Wie kann sich in einer gänzlich formlosen Schrift die sinnlose und doch formale »Organisation« manifestieren, die die Möglichkeit von Sinn bestimmt? Die Reduktion, die die Differenz zwischen Sinn und Sinnlosigkeit, zwischen Form und Formlosigkeit bestimmt, kann nur durch die Einsetzung einer anderen Art von Form erfolgen. Die Unterscheidung zwischen Syntax und Semantik ist Folge einer solchen Reduktion. Und auch wenn Derrida in ihr eine weitere Wiederholung der metaphysischen Gegenüberstellung von Form und Inhalt erkennen mag, so sollte sie eher als eine

---

42 Ibid., S. 155-156.

43 Ibid., S. 92, in dem Essay »Ousia und gramme. Notiz über eine Fußnote in ›Sein und Zeit‹«.

Artikulation von zwei Arten von Form verstanden werden. Daher reduziert Carnap zum Beispiel Bedeutung auf logische Syntax, um metaphysische Verwirrung zu vermeiden.[44] Doch die Autonomisierung der syntaktischen Form droht der logischen Syntax erneut alle Privilegien der Idealität zuzuschreiben. Daher muss die Reduktion *auf* den Sinn sich auch auf eine Reduktion *des* Sinnes stützen, die die logische Syntax in formloser Funktion verankert.[45]

Der Rückgriff auf den Stil deformalisiert die Organisation, die die Differenz zwischen Sinn und Sinnlosigkeit markieren würde. Die rhetorische Form verwischt die Differenz zwischen Syntax und Semantik; durch sie wird die Form semantisiert, nicht reduziert. Dass Derrida versucht, das Unpräsentierbare durch den Stil festzuschreiben, ist symptomatisch für seine unkritische Akzeptanz von Heideggers Behauptung, dass der Entzug des Seins (seine Unpräsentierbarkeit) keine Negation ist. Genauso kann Derrida aufgrund seiner Treue zu Heideggers Behauptung, dass die dialektische Negativität in der Gegenwart bestimmt ist, nicht anders, als nur vage auf eine unpräsentierbare Alterität – ein Jenseits von Humanismus und Metaphysik – hinzudeuten. Dabei

---

44 Siehe insbesondere Carnaps *Logische Syntax der Sprache* (Wien, New York 1968).

45 Diese zweifache Reduktion ist in den Arbeiten Wilfrid Sellars' erkennbar, in dessen Texten der Einfluss Carnaps sich mit dem Wittgensteins die Waage hält, sodass die syntaktische Form durch soziale Praxis gestaltet wird. Die herausragende Frage betrifft die Artikulation von idealer Form und sozialer Funktion; anhand ihrer können wir die begrifflichen Ressourcen von Hegel und Marx zur Geltung bringen. Die Anfänge einer Antwort sind in Hegels Kritik der Repräsentation erkennbar, die der Marx'schen immanenten Kritik der sozialen Form den Weg bereitet.

veranlasst ihn seine eigene kritische Umsicht dazu, deren absolute Exteriorität mit einem Bezug zu einer Interiorität auszugleichen, die jene Alterität teilweise wieder in das einschreibt, was er »den Text« oder ein System der Metaphysik nennt. Daher Derridas ansonsten überraschende Andeutung, dass das Unpräsentierbare sich im Zögern zwischen Explizitierung und Affirmation zeigen könnte. Dass Derrida Heidegger in dieser Weise treu bleibt, ist seltsam, weil er selbst darauf hinweist, dass Hegels Beschreibung der Beziehung zwischen Zeit und Ewigkeit ein Konzept der Gegenwart vorlegt, das nicht mit dem »vulgären«, »unauthentischen« Verständnis von Zeit gleichzusetzen ist, dem Heidegger seine eigene »authentische«, »ursprüngliche« Interpretation entgegenstellt. So schreibt Hegel in einem Abschnitt der *Naturphilosophie:*

> Die absolute Zeitlosigkeit ist von der Dauer unterschieden; das ist die Ewigkeit, die ohne die natürliche Zeit ist. Aber die Zeit selbst ist in ihrem Begriffe ewig; denn sie, nicht irgendeine Zeit, noch Jetzt, sondern die Zeit als Zeit ist ihr Begriff, dieser aber selbst, wie jeder Begriff überhaupt, das Ewige und darum auch absolute Gegenwart. Die Ewigkeit wird nicht sein, noch war sie; sondern sie ist. Die Dauer ist also von der Ewigkeit darin unterschieden, dass sie nur relatives Aufheben der Zeit ist; die Ewigkeit ist aber unendliche, d.h. nicht relative, sondern in sich reflektierte Dauer.[46]

[46] Hegel 1986, S. 50.

Über Hegels Unterscheidung zwischen der Unendlichkeit der Gegenwart und dem zeitlich Anwesenden schreibt Derrida:

> Alles, was im Hegelianismus mit dem Prädikat Ewigkeit versehen wird (die Idee, der Geist, das Wahre und so weiter), darf nicht außer der Zeit (aber auch nicht in der Zeit) gedacht werden. Ewigkeit ist als Präsenz weder zeitlich noch zeitlos. Anwesenheit ist Zeitlosigkeit in der Zeit oder Zeit in der Zeitlosigkeit, wodurch wohl so etwas wie eine ursprüngliche Zeitlichkeit unmöglich gemacht wird. Ewigkeit ist ein anderer Name für das Anwesen des Anwesenden. Hegel unterscheidet dies Anwesen auch vom Anwesenden als dem Jetzt. Diese Unterscheidung ist der von Heidegger getroffenen analog, aber nicht identisch, beruft sich doch auch diese auf den Unterschied zwischen dem Endlichen und Unendlichen. Nach Heidegger wäre dieser Unterschied eine inner-ontische Differenz. Und in der Tat hätte hier die ganze Frage ihren Ort.[47]

Worin liegt der wesentliche Unterschied zwischen der Endlichkeit des Seins und der Ewigkeit des Begriffs? Die Endlichkeit ist der Entzug der Gegenwart (des Anwesens) aus dem Anwesenden. Die Ewigkeit ist die Aufhebung (*relève*) des Anwesenden in der Gegenwart durch den Begriff. Der Entzug der Gegenwart (des Anwesens) blockiert die Vermittlung des Begriffs und schränkt das begriffliche Verstehen ein. Aus diesem Grund widersetzt sich die Nähe des Daseins zum Sein, die Nähe innerhalb derer

---

47 Derrida 1999, S. 70.

das Sein immer schon vorverstanden ist, der sozialen und historischen Vermittlung. Sie kann als Ursprung von Geschichtlichkeit und Sozialität selbst nicht historisch oder sozial bedingt sein. Doch diese Berufung auf den Unterschied zwischen dem ontologisch ursprünglichen und dem ontisch abgeleiteten wirft unweigerlich folgende Frage auf: Warum sollten wir akzeptieren, dass die Gegenwart sich entzieht? Wir können uns Heideggers Antwort vorstellen: Weil sie, obwohl sie nicht etwas ist, auch nicht nichts ist, und weil ihr Nicht-nichts-sein nicht der Negation der Negation, sondern dem Phänomen der Gegenwart, seinem Sich-an-ihm-selbst-zeigen, zugeordnet werden kann. Sein ist nicht gegeben, sondern die implizit verstandene Sinnhaftigkeit des Gegebenen an sich. Trotz Heideggers Vorsicht im Hinblick auf den Reiz der phänomenologischen Unmittelbarkeit, begründet die Berufung auf das *phenomenon* des Anwesens (d. h. das Sich-an-ihm-selbst-zeigende) als Ursprung der Frage nach dem Sinn des Seins die eigene Intimität zwischen Sein und Dasein; eine Nähe, der Derrida zurecht misstraut, auch wenn er deren Konsequenz, die Unpräsentierbarkeit, akzeptiert. Doch Eigentlichkeit und Unpräsentierbarkeit sind nicht voneinander zu trennen.

Um zu verstehen, warum Derridas Misstrauen gegenüber dem Pathos des Unpräsentierbaren nicht weit genug geht, müssen wir uns in Erinnerung rufen, dass Heidegger den Bruch zwischen dem Erscheinenden und dessen Erscheinen herausarbeitet und so das Phänomen desubstanzialisiert. Dieser Bruch konstituiert die ontisch-ontologische Differenz. Doch wie Derrida zeigt, ist es diese Differenz als Kluft zwischen Nah und Fern, die in der Nähe des Daseins zum Sein und in der Eigentlichkeit des

Vorverständnisses eingeschlossen bleibt. Und hier, im Raum dieser Eigentlichkeit, wird das Verstehen zur Interpretation. Dieser Raum, den Heidegger als »Lichtung des Seins« bezeichnet, ist ein Bezug ohne Trennung; ein Bezug, dessen Pole unterschieden, aber nicht voneinander getrennt werden können. Daher wird die von Heidegger ansonsten gemiedene Unmittelbarkeit des Intendierens zum Intendierten in der Untrennbarkeit des Bezugs des Seins zum Dasein wiedereingeführt. Heideggers »Anwesen« ist diese untrennbare Trennung, die er später auch »das Selbe« nennen wird. Doch Hegels »Gegenwart« ist die Trennung des Untrennbaren, oder besser: sie ist die Trennung *als* Untrennbarkeit. Für Hegel wird die Selbigkeit durch ihre eigene Alterität zerrissen: das Sichselbstgleiche ist Selbstentfremdung. Darin liegt der subversive Kern von Hegels Wesensbegriff, wie er sich in einer berühmten Passage des Abschnitts »Kraft und Verstand« der *Phänomenologie des Geistes* kristallisiert:

> Dieses sichselbstgleiche Wesen bezieht sich daher nur auf sich selbst; *auf sich selbst*, so ist dies ein anderes, worauf die Beziehung geht, und *das Beziehen auf sich selbst* ist vielmehr *das Entzweien*, oder eben jene Sichselbstgleichheit ist innerer Unterschied. Diese *Entzweiten* sind somit *an und für sich selbst*, jedes ein Gegenteil – *eines Anderen*, so ist darin schon das *Andere* mit ihm zugleich ausgesprochen. Oder es ist nicht das Gegenteil *eines Anderen*, sondern nur *das reine Gegenteil*, so ist es also an ihm selbst das Gegenteil seiner; oder es ist überhaupt nicht

> ein Gegenteil, sondern rein für sich, ein reines sichselbstgleiches Wesen, das keinen Unterschied an ihm hat [...].[48]

Die Sichselbstgleichheit ist eine Selbst-Entzweiung oder ein Selbst-Gegensatz und was sich selbst gegensätzlich ist, ist sichselbstgleich. Gleichheit konstituiert sich durch eine selbstbezogene Negativität, die jeden der Bezugspole in ein reines Gegenteil entzweit, das auch reine Gleichheit ist. Die Gegenwart als selbstbezogene Negativität ist genau diese Spaltung, die nicht in das Gegenwärtige integriert werden kann; es ist die Spaltung der Zeit, die verhindert, dass das Ende den Anfang wiederholt. Daher macht der Tod, der das Leben des Geistes ist, den Geist sich selbst nicht *gegenwärtig*; er hebt das Gegenwärtige auf in der Gegenwart des Geistes. Folglich kann die Differenz zwischen dem Gegenwärtigen und der Gegenwart zwar nicht repräsentiert, aber in und durch die Bewegung des Begriffs präsentiert werden. Darin liegt der wesentliche Unterschied zwischen Hegel und Heidegger. Heidegger versenkt die Positivität des Anwesenden im Entzug der Gegenwart, d. h. er versenkt die Positivität des Präsentierten im Unpräsentierbaren. Gleichzeitig jedoch positiviert er die Untrennbarkeit des Anwesenden (Präsentierten) und Unpräsentierbaren im Phänomen, interpretiert als das *datum*, durch das das Anwesen sich selbst durch das zeigt, was es nicht ist, d. h. das Anwesende, Objekt. Daher ist Heideggers Phänomenologie eine Wissenschaft des Phänomens als sich-selbst-zeigendes, in dem das, was sich zeigt, nicht das ist, was gezeigt

---

48 Hegel 1989, S. 132.

wird. Hegels Phänomenologie dagegen ist eine Wissenschaft vom Wissen des Bewusstseins über das Sich-selbst-zeigen, bei der die Differenz zwischen dem, was sich zeigt und dem, was gezeigt wird (Wesen und Erscheinung) eine Negation ist, die im Begriff dessen, was sich zeigt, enthalten ist. Dass das, was sich zeigt, nicht das ist, was gezeigt wird, ist eine Negation, die begriffen, und nicht ein Entzug, der interpretiert werden muss.

Im letzten Schritt seiner Analyse bestimmt Hegel das Sein als ein Nichts, das sich weder präsentiert noch entzieht. Dadurch eliminiert er jegliche ontologische Transzendenz und befreit uns von der Versuchung, dem Sein eine Stimme zu geben, die uns seinen Sinn ins Ohr flüsterte. Die Sinnlosigkeit eines »Sein[s] ohne weitere Bestimmung« verhindert, dass die Transzendenz als innere Grenze der Immanenz wieder eingeführt wird. Für Heidegger sichert das Sein als reine Transzendenz oder Entzug die Zusammengehörigkeit des Fernsten und Nächsten, von Exteriorität und Interiorität, und weil das Sagen des Seins nur durch ontische Metaphern ausgesprochen werden kann, folgt aus seiner irreduziblen Alterität auch seine unauflösbare Vertrautheit. Daher muss das »Wir«, das in und durch die Stimme des Seins angesprochen und zu sich selbst gerufen wird, unweigerlich die Vertrautheit eines Volkes, einer Kultur, einer Nation oder einer »Rasse« annehmen. Das ist der Preis, der für die Unauflösbarkeit des Ontischen in Heideggers Denken des Seins bezahlt werden muss.

Derrida bemerkt, dass der eigene Bezug des Daseins zum Sein Heidegger dazu verleitet, die ontologische Differenz mithilfe ontischer Metaphern zu benennen (Nachbarschaft, Haus, Dienst, Bewahrung, Stimme, Gehör) und zweifelt daher an Heideggers Behauptung, dass die Explikation die Vermittlung ersetzt.[49] Doch die Subtilisierung der Selbstpräsenz, die Derrida in der Bewegung von Hegel zu Heidegger nachvollzieht, scheint Heideggers Metaphorik der Nähe auf Hegel zurückzuprojizieren. Diese Projektion liegt Derridas Aussage zugrunde, dass die Identität des singulären »Ich« und des generischen »Wir« im Hegelschen Geist nur »die Nähe des festgesetzten und zentralen Seins zu sich selbst«, d. h. die absolute Gegenwart absichert. Doch so wird der wesentliche Unterschied zwischen der Gegenwart des Begriffs und der Anwesenheit des Seins übergangen und damit auch alles, was den Wunsch des Selbstbewusstseins nach Anerkennung vom »Mitsein« des Daseins als Modus der »Eigentlichkeit« trennt. Fassen wir kurz zusammen, wie Hegel den Übergang vom Bewusstsein zum Selbstbewusstsein versteht.

Bewusstsein ist Bewusstsein von einem Gegenstand; das Selbstbewusstsein jedoch erscheint sich selbst zunächst als Bewusstsein der »ganze[n] Ausbreitung der sinnlichen Welt«. Dies ist sein erster Moment, in dem es eine Differenz zwischen der Erscheinung und dem Wesen erfasst, die jedoch weder an sich noch wesentlich ist. Die Wahrheit des Selbstbewusstseins ist seine

49 Derrida 1999, S. 152-153.

Vereinigung mit sich selbst aus seiner eigenen Erscheinung, d. h. aus der sinnlichen Welt heraus. Dies ist sein zweiter Moment als das Wesen des ersten. Das Selbstbewusstsein ist diese Bewegung der Selbstvereinigung (der Aufhebung seiner Antithese); es ist der Wunsch, die »Begierde« nach Selbstvereinigung. Doch es erkennt sich selbst noch nicht als diese Bewegung, oder als dieses Begehren. Sein Gegenstand ist »in sich zurückgegangen«, weil nun auch er eine Bewegung des Selbstbezuges ist und nicht nur das Ding der sinnlichen Gewissheit oder Wahrnehmung. Durch das Begehren wird das Selbstbewusstsein von dem begehrten Gegenstand abhängig. Doch das Selbstbewusstsein ist das Begehren nach Selbstvereinigung in und durch sein Anderes; somit ist es das Begehren nach Selbstständigkeit. Dieses Begehren kann von keinem Gegenstand befriedigt werden; andernfalls wäre die Selbstständigkeit abhängig. Das Begehren nach Selbstständigkeit kann weder ein lebendiges Ding, noch das Begehren eines lebendigen Dinges (die Befriedigung animalischer Bedürfnisse) erfüllen. Nur das Begehren nach einem anderen begehrenden Selbstbewusstsein kann das Begehren des Selbstbewusstseins nach Selbstständigkeit in und durch sein Anderes erfüllen. Es begehrt ein anderes Selbstbewusstsein, dessen Begehren sich auf sein eigenes Begehren als Negation bezieht. Daher bezieht sich das Selbstbewusstsein auf sich selbst als dem Anderen, das es selbst ist; es ist die Beziehung eines »Ich« zu einem anderen »Ich«, sodass jedes »Ich« gleichzeitig ein »Wir« ist:

Es ist ein *Selbstbewußtsein für ein Selbstbewußtsein*. Erst hierdurch ist es in der Tat; denn erst hierin wird für es die Einheit

> seiner selbst in seinem Anderssein; *Ich*, das der Gegenstand seines Begriffs ist, ist in der Tat nicht *Gegenstand*; der Gegenstand der Begierde aber ist nur *selbstständig*, denn er ist die allgemeine unvertilgbare Substanz, das flüssige sichselbstgleiche Wesen. Indem ein Selbstbewußtsein der Gegenstand ist, ist er ebensowohl Ich wie Gegenstand. – Hiermit ist schon der Begriff *des Geistes* für uns vorhanden. Was für das Bewußtsein weiter wird, ist die Erfahrung, was der Geist ist, diese absolute Substanz, welche in der vollkommenen Freiheit und Selbstständigkeit ihres Gegensatzes, nämlich verschiedener für sich seiender Selbstbewußtsein, die Einheit derselben ist; *Ich*, das *Wir*, und *Wir*, das *Ich* ist. Das Bewußtsein hat erst in dem Selbstbewußtsein, als dem Begriffe des Geistes, seinen Wendungspunkt, auf dem es aus dem farbigen Scheine des sinnlichen Diesseits, und aus der leeren Nacht des übersinnlichen Jenseits in den geistigen Tag der Gegenwart einschreitet.[50]

Jenseits der Dichotomie des Sinnlichen und Übersinnlichen, des Phenomenon und des Noumenon, erhebt das Selbstbewusstsein die Anwesenheit (des Gegenstandes) in die Ewigkeit der Gegenwart (des Begriffs). Diese Aufhebung des Gegenstands jedoch führt nicht direkt in das Reich der Intersubjektivität, gesetzt als das Ideal einer Sphäre sich gegenseitig anerkennender Selbstbewusstseine, weil das den Geist antreibende Begehren zunächst Ungleichheit und Verkennen überwinden muss. Indem der Geist sein Anderes als Gegenstand verkennt, spaltet er sich

---

50 Hegel 1989, S. 144-145.

auf in das Anerkennende und das Anerkannte. Der erste Moment, der sofort auf das Hervortreten des Selbstbewusstseins folgt, ist daher der Todeskampf zwischen Herr und Knecht. Der Herr erkennt die Souveränität des Todes nicht an. Der Knecht aber tut dies und tauscht infolgedessen seine Selbstständigkeit gegen sein Leben ein. Der Verzicht des Knechtes auf Selbstständigkeit jedoch macht den Herrn abhängig von seiner Abhängigkeit. Daher liegt die Selbstständigkeit des Herrn in der Abhängigkeit des Knechtes; die Selbstständigkeit des Herrn ist, genauer gesagt, abhängig von der Arbeit des Knechtes. Folglich ist die Wahrheit der Herrschaft das »knechtische Bewusstsein«. So wie die Wahrheit der Selbstständigkeit des Herrn sich als Abhängigkeit erwies, erweist sich die Wahrheit der Abhängigkeit des Knechtes als Selbstständigkeit, die in der Souveränität des Herrn entfremdet ist und die er durch die Wiederaneignung seiner Arbeit zurückerobern kann. Daher erfährt das Selbstbewusstsein sein eigenes Wesen durch die Konfrontation mit dem Tod als »absolutem Herrn«. Der Tod ist die ultimative Grenze des Begehrens nach Selbstständigkeit, solange dieses Begehren mit dem Leben des Organismus verbunden bleibt. Der Herr behauptet seine Souveränität über den Tod unmittelbar, indem er sich weigert, ihn zu fürchten. Doch die Selbstständigkeit, die er so erlangt, macht ihn vom Leben nicht unabhängig; er überlässt die lebensnotwendige Arbeit einem anderen, dem Knecht, der durch seine Arbeit für das Leben des Herrn auch sich selbst am Leben erhält. Der Herr beherrscht Tod oder Leben nicht wirklich, weil er die Unabhängigkeit seines Lebens der Arbeit des Knechtes überlassen hat. Umgekehrt erlangt der Knecht, indem er den Tod fürchtet und die Unabhängigkeit seines Lebens in der Arbeit für den Herrn aufgibt, Macht über das Leben und macht sich so letztendlich von diesem unabhängig. Sobald er erkennt, dass die Unabhängigkeit des Herrn auf seiner, der knechtischen Abhängigkeit beruht, muss der Knecht es wagen, sich seine Arbeit wieder anzueignen, um eine Macht über das Leben (seines und das anderer) zu erlangen, die wirklich unabhängig vom Tod ist (das »muss« hier folgt daraus, dass der Knecht selbstbewusst und daher von seinem Begehren nach Selbstständigkeit angetrieben ist). Der Knecht beherrscht den Tod durch seine Arbeit und befreit sein Begehren nach Selbstständigkeit so von dem Begehren nach Leben. Somit befreit er das Leben von seiner Unterordnung unter den Tod (das ist ein Teil dessen, was Hegel mit der Überwindung der Endlichkeit meint). Die bestimmte Negation der Furcht vor dem Tod ist das Gegenteil des Begehrens der natürlichen Existenz nach Leben, nach Selbstständigkeit ohne Negativität. Durch die Arbeit als dem, was Hegel als »universelles formierendes Tun« bezeichnet, erkennt das Selbstbewusstsein sich selbst als Selbstständigkeit der absoluten Negativität; es erkennt seine eigene absolute Freiheit als Herrschaft über die universelle Macht, den Tod, und über das durch den Tod gehemmte Leben.

Negativität und Geschichte

Geist ist nicht Herrschaft, sondern Herrschaft über Herrschaft; er ist nicht die Macht, zu herrschen, sondern die Herrschaft zu beherrschen (eine der Marxschen Voraussetzungen für den Kommunismus) und somit abzuschaffen (denn selbst wird sie sich nicht abschaffen). Dies voreilig als Hybris abzutun bedeutet auch, die Möglichkeit der Abschaffung von Herrschaft (deren anderer Name die Transzendenz ist) aufzugeben im Namen einer Ontologie, die bestätigt, was ist. Derridas Verständnis der Komplizität zwischen Humanismus und Metaphysik verwechselt zwei verschiedene Formen von »Gegenwart«: die Gegenwart (Anwesenheit), die sich dem Anwesenden als Ursprung der Endlichkeit entzieht, und die Gegenwart, die das Gegenwärtige übersteigt und in der Ewigkeit aufhebt. Doch die Ewigkeit der Gegenwart ist nicht deren Unterordnung unter das Gegenwärtige. Entgegen Derridas Behauptung, dass »der Name des Menschen sich immer zwischen diesen beiden Enden in die Metaphysik eingeschrieben [hat]«, müssen wir darauf bestehen, dass der Mensch, jenseits seiner metaphysischen Bestimmung als Verflechtung von Grenze und Zweck, der Name der absoluten Negativität ist, die durch diese Verflechtung nicht beschränkt ist und daher keinen eigentlichen Bezug zu sich selbst oder zum Sein hat. Die genuin menschliche Freiheit (die Selbstständigkeit der absoluten Negativität) verwirklicht sich selbst in dem, was zunächst als uneigen oder unfrei erscheint (so wie es sich in der Umkehrbarkeit der Positionen des Herrn und des Knechtes darstellt). Doch diese Negativität ist, entgegen Heidegger, nicht in der metaphysischen Differenz zwischen Akt und Potenz verwurzelt. Sie ist kein reines Seinkönnen, von dem aus ontische Bestimmungen sozialer oder historischer Art als Akzidenzien abgeleitet werden könnten. Stattdessen manifestiert die Negativität die Uneigentlichkeit (oder Akzidentialität) des Menschen, von der seine Bestimmbarkeit abhängt. Das bedeutet, dass seine Bestimmbarkeit ihrer Entfremdung in sozialen Formen wie Geld und Tauschhandel nicht vorausgeht; sie wird erst durch sie möglich. Das Bestimmbare ist unbestimmt durch seine Entfremdung. Das Bestimmte geht seiner Bestimmung durch Negation und Entfremdung also nicht voraus; es erlangt Bestimmtheit durch eine Entfremdung, die bereits stattgefunden hat. Das ist der subversive Kern der Hegelschen Entfremdungslogik.

Die menschliche Geschichte entfaltet sich durch die Arbeit des Begehrens. Gleichzeitig ist sie das unterscheidende Element, in dem sich die Arbeit des Begehrens entfaltet. Als solche ist die Geschichte nicht die lineare Anhäufung von Bestimmungen, sondern ein Loop, in dem die absolute Negativität das, was tatsächlich bestimmbar geworden ist, un-bestimmt. Darum ist der Mensch nicht nur wandelbar, sondern der Ursprung einer besonderen Wandelbarkeit. Während Hegel sie an das Selbstbewusstsein bindet, erweitern Marx und Freud diese Negativität um die Zwänge der sozialen Reproduktion und der libidinösen Wiederholung, die beide »hinter dem Rücken« des Selbstbewusstseins operieren. Die »ungeheure Macht des Negativen«, die Hegel dem »reinen Ich[]«[51] zuweist, wurzelt also auch in einem »Ding«, das kein erkennbar menschliches Subjekt oder Selbst ist, weil es weder Monade noch Dyade ist, sondern das inhumane Resultat von Wiederholung und Reproduktion. Doch der Idealismus irrt in der Annahme, dass das Unbewusste, verstanden als das vom Standpunkt der individuellen Erfahrung Uner-

51 Hegel 1989, S. 36.

reichbare, dem begrifflichen Selbstbewusstsein extern oder fremd ist. Nur wenn das Selbstbewusstsein oder das, was Hegel »Geist« nennt, seine strukturelle Heteronomie[52], d. h. die konstitutive Rolle des Unbewussten in ihm begreift, kann es sich selbst begreifen und dadurch seinen Wunsch nach Selbstständigkeit erfüllen. Nur wenn er sich selbst in den Zwängen des Inhumanen erkennt, kann der Mensch frei werden.

52 Den Begriff der »strukturellen Heteronomie« verdanke ich Tuomo Tiisala, der ihn in einem anderen, aber verwandten Kontext verwendet.

Konkrete Regeln und abstrakte Maschinen: Form und Funktion in *Tausend Plateaus*

Um welches Verhältnis zwischen dem Abstrakten und dem Konkreten geht es hier? Wie beziehen sich »Regeln« auf »Maschinen«? Um diese Frage zu beantworten, müssen wir Deleuze und Guattaris »maschinischen Materialismus« zunächst von bekannteren Materialismen abgrenzen: dem atomistischen (Epikur, Lukrez), dem mechanistischen (Hobbes, d'Holbach), dem historischen (Marx, Althusser) und dem physikalistischen Materialismus (Quine, Lewis). Der klassisch metaphysische – atomistische oder mechanische – Materialismus verbindet eine theoretische Behauptung über das Wesen der Realität mit einer Reihe von praktischen Anweisungen darüber, wie am besten in Übereinstimmung mit dieser Realität zu leben sei. Der historische Materialismus lehnt jede Metaphysik ab, versucht aber, aus seiner Beschreibung der soziohistorischen Realität ein politisches Programm abzuleiten. Der Physikalismus vermeidet jegliche normative Vorschrift und überlässt die Beschreibung der Realität der Physik. Der Materialismus, den *Tausend Plateaus* für sich beansprucht, ist ganz anderer Art. Er gibt nicht vor, eine objektiv existierende »materielle Realität« (natürlicher oder sozialer Art) adäquat zu repräsentieren; genauso wenig schreibt er praktische Imperative vor, die aus universellen Gesetzen (natürlicher oder sozialer Art) abzuleiten wären. Er versucht eine von der repräsentationalen Form unabhängige »abstrakte Materie« mit einer konkreten Ethik zu verbinden, in der Handlungsweisen unabhängig von universellen Gesetzen gewählt werden. Das Abstrakte ist hier nicht länger eine Provinz des Universellen (Invarianz,

Form, Einheit) und das Konkrete ist nicht länger das Reich des Partikularen (das Variable, das Materielle, das Mannigfaltige). Das Abstrakte wird vom Konkreten *umhüllt* [*enveloped*], sodass die Praxis zur Bedingung seiner *Entwicklung* [*development*] wird. Diese Entwicklung ist von Regeln geleitet, jedoch in einem ganz anderen Sinn als in der bekannten Gegenüberstellung von invarianter Regel und variablen Umständen. Regeln sind keine abstrakten Invarianten mehr, die auf konkrete oder variable Umstände angewandt werden müssen. »Abstrakt« bedeutet in *Tausend Plateaus* ungeformt und letztendlich, wie wir sehen werden, destratifiziert (was das heißt, werden wir weiter unten zu verstehen versuchen). Doch das Ungeformte hat seine eigenen positiven Merkmale, was, wenn man von einer Perspektive der Repräsentation der »materiellen Realität« ausgeht, zunächst verwirren mag. Denn es wird beschrieben, dass die abstrakte Materie eine »Konsistenzebene« bildet, die sich durch »Intensitätskontinuen«, »Zeichen-Partikel« und »deterritorialisierte Strömungen« auszeichnet. Zudem betonen Deleuze und Guattari, dass diese Konsistenzebene (die sie auch »Mannigfaltigkeit« nennen) nicht gegeben ist, sondern gemacht werden muss: »Es genügt aber nicht zu rufen *Es lebe das Mannigfaltige!*, so schwer dieser Ausruf auch fallen mag. [...] Das Mannigfaltige *muß gemacht werden* [...].«[53] Konsistenz (oder Mannigfaltigkeit) wird durch die *Kartierung* dessen hergestellt, was im Denken und Handeln nicht repräsentiert ist. Diese Kartierung spielt für die Entwicklung des Abstrakten eine zentrale Rolle. Um zu verstehen, wie konkrete

---

53 Deleuze und Guattari 1992 [TP], S. 16, Hervorh. RB.

Regeln die abstrakte Materie entwickeln, müssen wir verstehen, warum *Tausend Plateaus* eine Unterscheidung zwischen Sagen und Machen beibehält, und warum die Kartierung eine Praktik ist, die Sagen und Machen vereinigt. Daher hat »konkret« hier auch eine praktische Bedeutung: die Kartierung der positiven Merkmale, die das Ungeformte charakterisieren, ist eine praktische Angelegenheit; und diese folgt bestimmten Regeln. Was für Regeln? Da die abstrakte Materie nicht repräsentiert werden kann, können die Regeln oder praktischen Anweisungen, die ihre Entwicklung anleiten, nicht von einer präexistenten »Realität« abgelesen werden. Diese Regeln sind konkret, weil sie das Abstrakte in Gang setzen. Praxis und Theorie *realisieren* einander: theoretische Begriffe werden praktisch in Gang gesetzt; praktische Imperative werden theoretisch formuliert.

Daher folgt *Tausend Plateaus* bei aller idiosynkratischer Neuheit einem klassischen Modell des Philosophierens, in dem die Ontologie, verstanden als Theorie dessen, was da ist, eins ist mit der Ethik, verstanden als eine Praktik oder »Lebenskunst«. Das soll nicht heißen, dass es ein traditionelles oder konservatives Werk ist: eher ist es der Versuch der Reaktivierung der klassischen Aufgabe des Philosophierens unter Ablehnung der Repräsentation.[54] Diese Ablehnung radikalisiert die philosophische Pragmatik (tatsächlich fasst sie die Philosophie als generalisierte Pragmatik auf), sodass weder die Agenten noch die Funktionen der Praktiken als gegeben vorausgesetzt werden können. Der

54 Daher betont Deleuze, dass es bei *Tausend Plateaus* nur um eines geht: »Philosophie, nichts als Philosophie...« (im Interview mit Catherine Clement, *L'Arc* 49 1980, S. 99).

Referent des gemeinschaftlichen »Wir«, auf das sich die traditionellen Pragmatisten (James, Dewey) und deren zeitgenössische Nachfolger (Rorty, Brandom) ständig berufen, ist ein Ausgangspunkt, dessen epistemische Autorität und soziohistorische Koordinaten Schritt für Schritt zerlegt und durch ein anderes »Wir« ersetzt werden: das eines minoritären »künftige[n] Volk[es]«. Genauso müssen die gewohnten Funktionen und Ziele, die dieses existierende »Wir« umkreisen, unterbrochen, und das normale Funktionieren und festgesetzte Finalitäten ausgesetzt werden. Das bedeutet, dass die Wirksamkeit der Performanz für die maschinische Pragmatik keinen im Voraus etablierten Kompetenzstandards mehr untergeordnet werden kann. Solange die Praktik der Repräsentation untergeordnet ist, kann sie eine bereits existierende Realität nur mehr oder weniger adäquat kopieren, gemäß existenten Kriterien von Erfolg und Scheitern. Doch die maschinische Pragmatik ist nicht auf Repräsentation aus; sie ist eine experimentelle Praktik, die auf etwas Neues orientiert ist; etwas, das seinem Produktionsprozess nicht vorausgeht. Sie entkoppelt Performanz und Kompetenz. Sie ist auf keine utilitaristische Kopie des Realen aus. Sie generiert eine konstruktive Kartierung (und, wie wir sehen werden, eine Diagrammatisierung) des Realen: »Die Karte ist das Gegenteil einer Kopie, weil sie ganz und gar auf ein Experimentieren als Eingriff in die Wirklichkeit orientiert ist. Die Karte reproduziert kein in sich geschlossenes Unbewußtes, sie konstruiert es. [...] Bei einer Karte geht es um Performanz, während die Kopie immer auf eine angebliche ›Kompetenz‹ verweist.«[55] Kompetenz ist reproduktiv; Performanz ist produktiv. Dieser Kontrast zwischen Kopie und Kartierung folgt aus der grundlegenderen Differenz zwischen Sagen und Machen, die auf den ersten Seiten von *Tausend Plateaus* angedeutet wird.

Nun stellen sich drei miteinander verwandte Fragen. Erstens: Warum braucht es für die Überwindung der sich verästelnden Dichotomien weiterhin einen Kontrast zwischen Sagen und Machen, zwischen Repräsentation und Produktion, zwischen Reflexion und Praktik? Welchen Stellenwert hat dieser Kontrast? Zweitens: Was *macht* die von der Beschränkung der Kompetenz befreite Performanz? Ist die Performanz als ein Akt, eine Aktivität, eine Handlung, eine Produktion oder eine Praktik zu verstehen? Dies alles sind verwandte, aber doch verschiedene Weisen, das *Machen* zu begreifen. Ist die Kartierung eine Art des *Machens*, die nicht durch Normen und Ziele geleitet wird? Ist die Performanz einer Kartierung möglich ohne jeden Bezug auf Kompetenz? Kompetenz muss nicht unbedingt teleologisch sein, denn nicht jedes normative Machen ist zielgerichtet. Und dennoch: ein immanenter Standard ist immer noch ein *Standard*. Drittens: Wenn das Machen des Mannigfaltigen keinen Normen und Kompetenzen unterliegt, worin *besteht dann der Unterschied* zwischen Erfolg und Scheitern in der Konstruktion der Konsistenzebene? Wir werden weiter unten auf diese Fragen zurückkommen, wenn wir uns ansehen, wie der maschinische Pragmatismus das Reale (die Konsistenzebene) durch eine Auswahl konstruiert.

55 TP, S. 23-24.

Die Unterbrechung der utilitaristischen Ordnung, die Aussetzung der festgesetzten Ziele, Standards und Praktiken, die die Realität reproduzieren, ist nicht unmittelbar zu erreichen. Weil wir (wie Deleuze und Guattari immer wieder betonen) immer in der Mitte beginnen, beginnen wir stratifiziert, organisiert, subjektifiziert. Daher besteht die praktische Herausforderung darin, zu verstehen, wie wir de-stratifizieren, des-organisieren und de-subjektifizieren können, ohne in religiöse Selbstverneinung abzurutschen: »Nicht, um dabei an einen Punkt zu kommen, an dem man nicht mehr Ich sagt, sondern dahin, wo es belanglos wird, ob man Ich sagt oder nicht.«[56] Doch warum sollte der Punkt der Indifferenz zwischen Besitz und Verneinung der eigenen Subjektivität es wert sein, erreicht zu werden? Wenn dieser Punkt es wert ist, dann kann er dieser Differenz gegenüber nicht indifferent sein. Etwas muss übrigbleiben; etwas vom Subjekt, etwas vom Zeichen, etwas vom Organismus:

> Was auf der Konsistenzebene dahinsaust oder tanzt, bringt also eine Aura ihrer Schicht mit, eine Wellenlinie, eine Erinnerung oder Spannung. Die Konsistenzebene hält gerade genug von den Schichten zurück, um aus ihnen Variablen zu entnehmen, die in der Konsistenzebene selber als ihre eigenen Funktionen operieren.[57]

---

56 Ibid., S. 12.

57 Ibid., S. 98f.

Was auf der Konsistenzebene zurückgehalten wird, ist die *Torsion* destratifizierter Intensitäten, Partikel, Zeichen und Ströme. Doch weil der Torsionspunkt vom Blickwinkel derer, die zwischen Selbst und Nicht-Selbst, persönlich und nicht-persönlich unterscheiden möchten, nicht unterscheidbar ist, muss man sich ihm mit *Vorsicht* nähern – einem der berüchtigtsten Schlagworte von *Tausend Plateaus*.[58] Vorsicht ist geboten bei der Zusammensetzung oder Komposition der Konsistenzebene. Daher braucht es für diese Komposition konkrete Regeln. Um also zu verstehen, wie konkrete Regeln mit abstrakten Maschinen artikuliert sind, müssen wir verstehen, inwiefern es für die Komposition von Konsistenz nach Regeln nötig ist, stratifizierte Funktionen zu *deformalisieren* und sie der Torsion einer absoluten Bewegung auszusetzen: »Eine Bewegung ist absolut, wenn sie, unabhängig von ihrer Quantität und Geschwindigkeit, ›einen‹ Körper, der als multipel angesehen wird, mit einem glatten Raum verbindet, den er in einer wirbelnden Bewegung besetzt.«[59] Absolute Bewegung (oder Deterritorialisierung) wird durch die *Deformalisierung* stratifizierter Funktion erreicht. Die Deformalisierung sichert die Kontinuität der Intensitäten, die Emission von Zeichen-Partikeln und die Konjunktion von deterritorialisierten Strömen auf der Konsistenzebene. Abstrakte Materie ist daher entformt oder ungeformt, d. h. destratifiziert. Die Stratifikation ist der Ursprung

58 »Auch alle Versuche zur Destratifizierung (wenn man zum Beispiel über den Organismus hinausgeht und sich in ein Werden stürzt) müssen daher konkrete Regeln mit außerordentlicher Vorsicht befolgen […].« Ibid., S. 697, Übersetzung modifiziert.

59 Ibid., S. 705.

jeder Formalisierung; umgekehrt ist die Deformalisierung der Operator der Destratifikation. Was aber ist Stratifikation?

Die Theorie der Stratifikation in *Tausend Plateaus* ist ebenso beeindruckend wie komplex. Ich halte sie für absolut zentral für die gesamte konzeptuelle Konstruktion des Buches; und dass ohne sie nichts läuft, wird häufig übersehen. Die Theorie der Stratifikation ist eine Theorie der Selbstorganisation von Materie. Sie ist ausdrücklich metaphysisch; tatsächlich ist sie vielleicht die genialste und gewagteste metaphysische Hypothese, die je von einer:m Materialistïn des 20. Jahrhunderts entwickelt worden ist. Versuche, *Tausend Plateaus* mit den Parametern der zeitgenössischen kritischen Theorie zusammenzubringen, haben dazu geführt, dass die Tragweite der Stratifikation häufig tendenziell auf den Bereich der Erfahrung begrenzt wird. Doch die Stratifikation kann nicht auf phänomenologische oder epistemologische Register reduziert werden. Sie ist keine Funktion der Repräsentation; die Repräsentation ist eine Funktion der Stratifikation. Daher ist die Theorie der Stratifikation nicht einfach eine Erweiterung der Deleuz'schen Kritik der repräsentationalen Epistemologie und Metaphysik in *Differenz und Wiederholung*. Sie legt die ontologischen Bedingungen dar, die die Repräsentation überhaupt erst möglich machen. Schon in *Differenz und Wiederholung* war klar, dass die Repräsentation kein extrinsisches Raster ist, das wir über die Realität legen. Die Realität generiert ihre eigene Repräsentation. Doch die Repräsentation bleibt hier eine Art transzendentale Illusion; eine Höhle, die von einem verkehrten Bild des Realen beherrscht wird, das uns daran hindert, zu den nicht wahrnehmbaren Bedingungen der Wahrnehmung (dem Virtuellen) vorzudringen. Die Theorie der Stratifikation dagegen trassiert die realen Prozesse, durch die diese Höhle, diese Verkehrung und dieses Bild nacheinander *auf der gleichen Ebene* wie die Realität (anstatt über oder unter ihr) generiert werden. Sie kollabiert die sich überlagernden Ebenen, durch die die Transzendenz des Virtuellen (das Nicht-Wahrnehmbare) über das Aktuelle (Wahrnehmbare) in *Differenz und Wiederholung* noch aufrechterhalten wurde. Die Stratifikation beschreibt die Genese der Repräsentierbarkeit als einen Aspekt der Autoproduktion des Realen als solchem, und nicht als Folge der transzendenten Spaltung zwischen Virtuell und Aktuell.[60]

Stratifikation ist die doppelte Gliederung von Inhalt und Ausdruck. Diese doppelte Gliederung bedingt jede Ordnung, Struktur und Regelmäßigkeit. Doch Stratifikation ist komplex. Sowohl die Gliederung des Inhalts als auch die des Ausdrucks gabeln sich auf. Auf der elementaren, physikalischen Ebene gliedert sich der Inhalt durch die Spaltung von Materieströmen in nacheinander koordinierte molekulare Einheiten. Die molekulare Substanz ist formal koordiniert: dies sind Substanz und Form des Inhalts.

---

60 Siehe insbesondere S. 382-387 von *Tausend Plateaus*. Miguel de Beistegui hat überzeugend argumentiert, dass Deleuze und Guattari die Ebene der Transzendenz oder Entwicklung, die eine klassische, hierarchische Unterscheidung zwischen (transzendentaler) Bedingung und (empirischem) Bedingten beibehält, wenn auch in Form der unbewussten Virtualität und der bewussten Aktualität, mit der Ebene der Immanenz oder Konsistenz kontrastiert, auf der die Differenz zwischen stratifikatorischen und destratifikatorischen Prozessen auf einer einzigen Ebene entfaltet wird, sodass das Prinzip der Wahrnehmbarkeit notwendigerweise zusammen mit dem wahrgenommen werden muss, was es wahrnehmbar macht. (Beistegui 2010, S. 47-76).

Der Ausdruck gliedert sich durch »den Aufbau von festen, kompakten und funktionalen Strukturen«[61] und durch die Konstruktion von molaren Zusammensetzungen, die von diesen Strukturen überlagert werden. Molare Zusammensetzungen sind formal strukturiert: dies sind Substanz und Form des Ausdrucks. Stratifizierter Inhalt ist geformte Materie; stratifizierter Ausdruck ist strukturierte Funktion. Beide Gliederungen sind segmentiert und die bi-univoken Beziehungen zwischen Segmenten des Inhalts (geformte Materien) und Segmenten des Ausdrucks (strukturierte Funktionen) sind der Ursprung jeder realen – physikalischen, biologischen, soziopolitischen – Struktur. Somit umfasst die materielle Realität drei grundlegende Typen von Strata oder Schichten: chemo-physische, biologische und anthropomorphe (oder *alloplastische*, weil anthropomorphe Strata die Macht haben, andere Strata zu kolonisieren). Nur der erste Typus gibt dem molekularen Inhalt molaren Ausdruck; biologische und alloplastische Inhalte sind nicht notwendigerweise molekular, genauso wenig wie ihre Ausdrücke notwendigerweise molar sind. Was jedoch alle Schichten gemein haben ist die Koordination von *strukturierter Funktion* (Ausdruck) und *geformter Materie* (Inhalt). Der Materie wird auf Grundlage ihrer (physikalischen, organischen, soziokulturellen) Formation eine bestimmte Funktion zugeschrieben; der Funktion wird auf Grundlage ihrer (molekularen, zellulären, semiotischen) Substanz eine bestimmbare Form zugeschrieben. Das ist der Kern der Stratifikation, dem immanenten Prinzip der Selbstorganisation der Materie.

---

61 TP, S. 61.

Doch Stratifikation ist auch ein Spaltungsprozess. Strata »unterbrechen die Kontinuen der Intensität, indem sie zwischen verschiedenen Schichten und innerhalb einer Schicht Einschnitte vornehmen.«[62] Diese Spaltung ist real, nicht ideal (sie ist nicht dialektisch). Strata spalten und segmentieren, doch sie verknüpfen und verbinden auch. Daher betonen Deleuze und Guattari die *reale* (und nicht formale) Unterscheidung zwischen Inhalt und Ausdruck. Die Differenz ist im Sein, nicht im Denken. Die Stratifikation ist eine reale Synthese, die die ausdrückende Form und den ausgedrückten Inhalt auf eine gemeinsame Wurzel zurückführt. Daher besteht eine Isomorphie zwischen Inhalt und Ausdruck: »Ihre Unabhängigkeit schließt keinen Isomorphismus aus, das heißt die Existenz des gleichen Typus von konstanten Relationen auf beiden Seiten.«[63] Dieser Isomorphismus lässt die Stratifikation an einem »Gottesurteil«, d. h. an einer ontologischen und nicht kognitiven (oder transzendentalen) Synthese teilhaben: »Die Bedeutung der Lehre von der synthetischen Urteilskraft liegt gerade darin, daß sie gezeigt hat, daß es eine apriorische Verbindung (Isomorphismus) von Urteil und Gestalt, von Ausdrucksform und Inhaltsform gibt.«[64] Kants Doktrin des synthetischen Urteils führte die Isomorphie von intelligibler Form und sinnlichem Inhalt auf die Aktivität des transzendentalen Subjekts zurück. Die Stratifikation jedoch verankert die Isomorphie von ausdrückender Form und ausgedrücktem Inhalt im Funktionieren der abstrakten Maschine, dem Ursprung jeder stratischen

---

62 Ibid., S. 198.

63 Ibid., S. 151.

64 Ibid.

Synthese. Konkrete Gefüge setzen die Gliederung von strukturierter Funktion und geformter Materie voraus. Doch nur insofern sie jeweils eine abstrakte Maschine umhüllen.

Abstrakte Umhüllung

Was ist eine abstrakte Maschine? Hier zwei Definitionen: »Die abstrakte Maschine existiert einmal *umhüllt* in jedem Stratum, dessen Ökumene oder Kompositionseinheit sie definiert, und in entwickeltem Zustand auf der Konsistenzebene, deren Destratifizierung (Planomene) sie *betreibt*.«[65] »Wir definieren die abstrakte Maschine durch den Aspekt oder Moment, in dem es *nur Funktionen und Materien gibt*.«[66] Die abstrakte Maschine hat ein Janusgesicht: einerseits sorgt sie für die Einheit der Komposition (d. h. der Synthese) der Strata, insofern diese strukturierte Funktionen geformten Materien zuordnen. Sie erfüllt also eine stratifikatorische Funktion. Andererseits jedoch entkoppelt sie Struktur und Substanz, Form und Inhalt, und deformiert dabei die ausdrückende Funktion und die ausgedrückte Materie. Sie spielt also auch eine destratifikatorische Rolle. Stratifikation und Destratifikation sind zwei Seiten eines einzigen, unteilbaren maschinischen Prozesses, den jede abstrakte Maschine umfasst.

In ihrer destratifikatorischen Rolle umreißt die abstrakte Maschine die Konsistenzebene, indem sie eine nicht-formale Funk-

65 Ibid., S. 102, Hervorh. RB, Übersetzung modifiziert.

66 Ibid., S. 195, Hervorh. RB.

tion mit einer formlosen Materie artikuliert. Vom stratischen Ausdruck behält sie den Tensor, das asignifikante Zeichen, das für ein Kontinuum intensiver Variation steht. Vom stratischen Inhalt behält sie heterogene Intensitäten, oder genauer gesagt unterschiedliche Grade verschiedener intensiver Qualitäten: Temperatur, Geschwindigkeit, Leitungsfähigkeit, Widerstand, Streckung, etc. Dies sind die expressiven Merkmale der ungeformten Materie. Die nicht-formale Funktion setzt sich also aus Tensoren zusammen, die unterschiedliche Grade von verschiedenen Intensitätsqualitäten ausdrücken. Sie koordiniert keine Konstanten und Variablen und misst die graduellen Differenzen nicht entlang eines Kontinuums, sondern sie konjugiert verschiedene Arten gradueller Differenzen. Daher komponiert sie ein Variationskontinuum, auf dem die Variation keinem festgesetzten, homogenen Variablenbereich mehr untergeordnet ist, und das stattdessen diskontinuierliche Differenzen von Gradarten (verschiedene Grade von heterogenen Qualitäten) verteilt. Bonta und Protevi nennen folgende Beispiele für nicht-formale Funktionen: die Kanalisierung von Temperaturunterschieden durch eine Wärmekraftmaschine und disziplinäre Benimmregeln.[67] Ein komplexes (epidemisches, Markt-, Schwarm-) Phänomen zu diagrammieren bedeutet, seine nicht-formale Funktion zu umreißen.

Das Abstrakte ist also nicht mehr universell, ideal oder ewig; es ist eine Funktion der Variation: »[E]s gibt keinen Grund, das Abstrakte mit dem Universellen oder mit Konstanten zu verbinden und die Singularität von abstrakten Maschinen auszulöschen,

---

67 Bonta und Protevi 2004, S. 48.

weil sie um Variablen und Variationen herum konstruiert sind.«[68] Tensoren quantifizieren die kontinuierliche Variation nicht durch Maßeinheiten, sondern durch Mannigfaltigkeiten von Maßen. Die Quantität ist keinen invarianten Messeinheiten mehr untergeordnet (die Zahl als Einheit); sie steht für die qualitative Partikularität von heterogenen Intensitäten wie Geschwindigkeit, Temperatur, Leitungsfähigkeit, etc. (die Zahl als Mannigfaltigkeit). Die Größenordnung variiert also mit der Variation der Qualitäten, die sie misst:

> Die Zahl ist kein universeller Begriff mehr, der die Elemente nach ihrem Platz in einer beliebigen Dimension mißt, sondern ist selber zu einer Mannigfaltigkeit geworden, die je nach den entsprechenden Dimensionen veränderlich ist (Primat des Funktionsbereichs gegenüber einem Zahlenkomplex, der mit ihm verbunden ist). Wir haben keine Maßeinheiten, sondern nur Mannigfaltigkeiten oder Variationen von Maßen.[69]

Das bedeutet, dass es keine feste Maßeinheit für die dimensionalen Differenzen einer Mannigfaltigkeit gibt, sondern Variationen von Maßen; eine nicht-metrische Mannigfaltigkeit, die die qualitative Heterogenität der Dimensionen aufzählt, ohne auf ein gemeinsames Element oder einen gemeinsamen Nenner zu verweisen.

Tensorenzeichen stehen für diese qualitative Heterogenität oder kontinuierliche Variation von Intensitäten. Daher drückt das Tensorenzeichen die diagrammatische Funktion des deformali-

---

68 TP, S. 130.

69 Ibid., S. 18.

sierten Ausdrucks aus. Diese Deformalisierung des Ausdrucks bedingt die Quantifikation der Schrift, die zu Beginn von *Tausend Plateaus* angedeutet wird: »*die Schrift quantifizieren.* Es gibt keinen Unterschied zwischen dem, wovon ein Buch handelt, und der Art, in der es gemacht ist.«[70] Die Quantifikation der Schrift ist die Konjunktion von Ausdruck und Konstruktion, strukturierter Funktion und Deformalisierung, Stratifikation und Destratifikation. Dies ist die Funktion des Diagramms. Daher sind nicht-formale Funktionen *diagrammatisch*:

> Tatsächlich hat ein Diagramm weder Substanz noch Form, weder Inhalt noch Ausdruck. [...] Während Inhalt und Ausdruck bestimmte Formen haben und sich wirklich voneinander unterscheiden, hat die Funktion nur Inhalts- oder Ausdrucks-›Merkmale‹ und stellt eine Verbindung zwischen ihnen her: man kann noch nicht einmal mehr sagen, ob es ein Partikel oder ein Zeichen ist. Ein Materie-Inhalt, der nur Grade von Intensität, Widerstand, Leitfähigkeit, Erhitzung, Dehnung, Geschwindigkeit oder Verzögerung hat; ein Funktionsausdruck, der nur noch ›Tensoren‹ hat, wie in einem mathematischen oder musikalischen Schriftsystem. *Die Schrift funktioniert jetzt auf derselben Ebene wie das Reale, und das Reale schreibt materiell.* Das Diagramm behält also den am stärksten deterritorialisierten Inhalt und den am stärksten deterritorialisierten Ausdruck zurück, um sie zu verbinden.[71]

---

70 Ibid., S. 13.

71 Ibid., S. 195-196, Hervorh. RB.

Die Diagrammatisierung von nicht-formalen Funktionen und formlosen Materien konjugiert nicht nur Zeichen und Partikel auf der Konsistenzebene; sie ist der Ausdruck der Selbstkonstruktion des Realen, das maschinische Unbewusste.

Daher ist die Alternative zur stratischen Synthese keine Analyse – die formale Entflechtung des Abstrakten und Konkreten als invariante Form und variabler Inhalt –, sondern eine andere Art von Synthese, d. h. eine alternative Verflechtung des Abstrakten und des Konkreten. Diese Synthese ist nicht kognitiv, sondern praktisch: sie ist die Diagrammatisierung des Knotenpunkts zwischen nicht-formalen Funktionen und ungeformten Materien. Tensoren erfüllen eine diagrammatische Funktion: sie sind die Operatoren der Torsion, durch die die Deformalisierung Intensitäten, Partikel-Zeichen und Ströme auf der Konsistenzebene komponiert. Die diagrammatische Komposition ist die Identifikation dieser Torsionspunkte. Doch diese Komposition benötigt konkrete Regeln: »Es gibt Regeln, und zwar Regeln der ›Plani(fizie)rung‹, der Diagrammatisierung. [...] Die abstrakte Maschine ist nicht wahllos; die Kontinuitäten, Emissionen, Kombinationen und Konjunktionen kommen nicht auf beliebige Weise zustande.«[72] Es sind also die Regeln der *Planifizierung* (»Planierung«), die für Konsistenz sorgen, und nicht die Decodierung, Deterritorialisierung oder Destratifizierung als solche. Diese Regeln entnehmen den Strata deformalisierte Funktionen: »die Konsistenzebene [wird] von der abstrakten Maschine besetzt und umrissen [...].«[73]

---

72 Ibid., S. 99.

73 Ibid., S. 98.

Konkrete Regeln setzen das Abstrakte in Gang. Sie entwickeln die in den Strata umhüllten abstrakten Maschinen. Doch diese Entwicklung ist abhängig von der Unterscheidung zwischen Stratifikation und Gefüge (*agencement*). Weil jedes maschinische Gefüge Stratifikation voraussetzt, und weil Gefüge gleichzeitig territorial sind und deterritorialisieren, ist das Gefüge die praktische Bedingung für die Entwicklung des Abstrakten. *Agencer* ist ein Verb: zusammenfügen. Nur weil konkrete Gefüge abstrakte Maschinen bereits umhüllen, können sie diese entwickeln: die *Planifikation* oder Planierung ist die konkrete Entwicklung des umhüllten Abstrakten. Sie durchschneidet die physikalischen, biologischen und anthropomorphen Strata, um ungeformte Materien, anorganisches Leben und nicht-menschliches Werden zu komponieren. Daher sind die Regeln der Destratifikation = Regeln der *Planierung* = Entwicklung des Umhüllten.

Nichtsdestotrotz bleibt die Unterscheidung zwischen Urteil und Gestalt, Ausdruck und Inhalt, Sagen und Machen notwendig, insofern sie nicht nur eine reale Folge der stratischen Synthese ist, sondern auch eine Voraussetzung der Entwicklung oder Planierung. Daher ist die Destratifikation nicht die Abschaffung der Differenz zwischen Sagen und Machen oder Kompetenz und Performanz, sondern deren nicht-formale Reartikulation. Eine Reartikulation, die einen von organischer Funktion entkoppelten Ausdruck und einen aus organisierender Form gelösten Inhalt beibehält. In der Entwicklung sind Performanz und Kompetenz untrennbar miteinander verbunden.

Aber was können wir dann unter *Auswahl* verstehen? Wie trifft die Performanz eine Auswahl zwischen größeren und geringeren Graden von Konnektivität (oder Dimensionen) auf der Konsistenzebene? Wie kann sie zwischen größeren und geringeren Graden von Entwicklung unterscheiden? Wie sollen wir das Ausmaß der Konstruktion messen? Hier wieder lautet die Antwort: durch konkrete Regeln.

Konkrete Regeln orientieren uns in der Komposition von Konsistenz; sie stellen ein immanentes Maß für den Grad der kontinuierlichen Variation zur Verfügung:

> *Die Konstante ist der Variablen nicht entgegengesetzt*, sie ist nur ein Umgang mit Variablen, der der anderen Umgangsweise entgegengesetzt ist, nämlich der kontinuierlichen Variation. Die sogenannten obligatorischen Regeln entsprechen der ersten Umgangsweise, während die optionalen Regeln die Konstruktion eines Variationskontinuums betreffen.[74]

Konkrete Regeln sind also optional, d. h. weder universelle Imperative noch kontextsensitive Richtlinien. Während die obligatorischen Regeln eine stratifizierte Verteilung von Konstanten und Variablen durch die Konstanz der Prinzipien und die Variabilität der Umstände voraussetzen, setzen die optionalen Regeln einen empiristischen Pragmatismus voraus, der die Prinzipien in Bezug auf die Konstanz eines organischen oder psychologischen Eigeninteresses relativiert. Doch optionale Regeln können den

---

[74] Ibid., S. 144, Übersetzung modifiziert.

notwendigen oder kategorischen Imperativen nicht einfach als kontingente oder hypothetische Imperative gegenübergestellt werden. Sie sind keine hypothetischen Imperative, weil sie nicht in Bezug auf irgendeinen bestehenden praktischen Zweck oder ein utilitaristisches Ziel formuliert werden können. Ihre Form kann nicht sein: »Wenn du X willst, dann mache Y«, wobei X in Bezug auf die Variable Y relativ konstant bleibt. Denn die funktionale Koordination von Y als Mittel zum Zweck X bleibt gänzlich in der (physikalischen, organischen, subjektiven) Stratifikation der Funktion verhaftet. Genauso wenig sind optionale Regeln einfach »kontingent«, weil Kontingenz schlicht das stratische Gegenstück zur Notwendigkeit ist. Konkrete Regeln sind »optional«, weil sie durch ihre eigene Auswahl konstituiert werden, »wie in einem Spiel, bei dem jeder Zug die Regeln verändert.«[75] Aus diesem Grund werden konkrete Regeln als Fragen formuliert, auf die zu antworten das Gefüge verändert, innerhalb dessen die Fragen formuliert wurden. Sie sind Regeln des Zusammenfügens, die eine Auswahl gemäß der Art und Weise treffen, wie das zu konstruierende Gefüge Sagen und Machen, Funktion und Materie verbindet.

Somit verteilen sich die konkreten Regeln des Zusammenfügens entlang zweier Frageachsen. Die erste fragt: Welcher Inhalt? (Welches Zeichenregime?) Welcher Ausdruck? (Welches Körpersystem?): »*In jedem Gefüge muß man den Inhalt und den Ausdruck finden* [...].«[76] Die zweite fragt: Was sind die Schnitt-

---

75 Ibid., S. 139.

76 Ibid., S. 698, Hervorh. RB.

kanten der Deterritorialisierung? Welche abstrakten Maschinen setzen sie in Gang?

> Die konkreten Regeln des Gefüges wirken also auf zwei Achsen. Einerseits: Wie sehen die Territorialität des Gefüges, das Zeichenregime und das pragmatische System aus? Andererseits: Wie sehen die Schnittkanten der Deterritorialisierung und die abstrakten Maschinen aus, die sie in Gang setzen?[77]

Die Antworten auf die erste Gruppe von Fragen spezifizieren den Signifikationstypus des Gefüges und seinen Territorialitätsgrad: seinen Ausdruck und seinen Inhalt, bzw. was es sagt und was es macht. Die Antworten auf die zweite Gruppe von Fragen spezifizieren den Typus der abstrakten Maschine des Gefüges und seinen Deterritorialisierungsgrad: seine nicht-formale Funktion und seine ungeformten Materien. Indem wir auf die zweite Gruppe von Fragen antworten, identifizieren den Punkt der Ununterscheidbarkeit zwischen Sagen und Machen. Daher ist die umherziehende Metallurgie zum Beispiel der Inhalt, der durch den Nomadismus ausgedrückt wird; der Signifikationsmodus der nomadischen Kriegsmaschine ist numerisch oder gegen-signifikant, während seine Territorialität in der Glättung des Raumes besteht. Die zählende Zahl ist der Tensor der nomadischen Verteilung, die den Raum besetzt, ohne ihn zu kategorisieren. Zählen ohne zu messen ist eine konstruktive Deformation; daher der hohe soziale und kognitive Deterritorialisierungsgrad der Kriegsmaschine.

---

[77] Ibid., S. 699, Übersetzung modifiziert.

Wenn wir beide Gruppen von Fragen beantworten, legen wir also die konkreten Regeln fest und vollziehen die diagrammatische Funktion. Die Diagrammatisierung der Interaktion zwischen Funktion und Materie jenseits der Strata setzt voraus, dass wir unser Zeichenregime spezifizieren und den Grad unserer Territorialität messen. Daher ist die Diagrammatisierung mit dem Maschinenbau verwandt: sie ist eine kognitive Operation, die unter spezifischen materiellen Beschränkungen bestimmte praktische Imperative in Gang setzen soll. Durch sie erkennen wir, in welchem Maße eine Fluchtlinie *für uns* befreiend wirkt, insofern wir uns immer zwischen Strata und Metastrata befinden: »Die Konsistenz, die aus der Konsolidierung hervorgeht, *wird zwangsläufig in der Mitte und durch die Mitte wirksam* und steht im Gegensatz zu jedem Prinzipien- oder Finalitätsplan.«[78] Die Diagrammatisierung deformalisiert die stratifizierten Zeichen und Substanzen aus der Mitte heraus, um Konsistenz zu erreichen.

Aus diesem Grund betonen Deleuze und Guattari immer wieder, dass die Unterscheidung zwischen territorial und deterritorial, glatt und stratifiziert, Strata und organlosem Körper, nicht mit der Unterscheidung zwischen Gut und Schlecht oder gar Gut und Böse zusammenfällt.[79] Die Deterritorialisierung ist kein theologischer

78 Ibid., S. 702, Hervorh. RB, Übersetzung modifiziert.

79 Siehe z. B.: »Jedesmal wenn segmentäre Linien auf einer Fluchtlinie explodieren, gibt es eine Unterbrechung im Rhizom, aber die Fluchtlinie bildet einen Teil des Rhizoms. Diese Linien verweisen ununterbrochen aufeinander. Deshalb kann man niemals einen Dualismus oder eine Dichotomie konstruieren, auch nicht in der rudimentären

Imperativ. Es gibt keine Transzendenz gegenüber den Strata; die Konsistenz ist nicht auf einen Endpunkt oder ein Endstadium orientiert, in dem die Territorien, Codes und Zeichen endgültig eliminiert und die Strata abgeschafft wären. Weil wir uns immer in der Mitte befinden – zwischen dem Organischen, Subjektifizierten, Signifikanten und dem Anorganischen, Asubjektiven, Nichtsignifikanten – kann die Konsolidierung von Konsistenz nur von einem bestimmten stratifizierten Punkt ausgehen, von dem aus verschiedene Handlungsmöglichkeiten erkennbar werden. Die Verwendung des Begriffs »Möglichkeit« mag in diesem Kontext sicherlich seltsam erscheinen, da Deleuze und Guattari, Bergson folgend, den Möglichkeitsbegriff als ein Artefakt der Repräsentation ablehnen. Doch er ist schwer zu vermeiden, genauso wie es schwierig ist, das Wort »Praktik« von dem Begriff der »Handlung« zu lösen, der leicht in einen bereits verworfenen Begriff der subjektiven Handlungsfähigkeit abrutscht. Doch auch das Gefüge handelt. Der Begriff des maschinischen Gefüges entkoppelt die Fähigkeit zum Handeln von der Subjektivierung und verteilt sie auf präindividuelle Kollektivitäten. Das Gefüge handelt asubjektiv. Konkrete Regeln des Zusammenfügens sind notwendig, weil unser Territorialisierungsgrad und der Typus unseres Zeichenregimes unsere Macht und Fähigkeit des Zusammenfügens, des Verbindens und Konsolidierens von Konsistenz, einschränkt. Territorien, Zeichen und Codes sind Bedingungen von Konsistenz. Doch diese Bedingungen *befähigen* uns. Das ist der Grund, warum »*alloplastische*[] [d. h.

Form von Gut und Böse.« Ibid S. 19f.

anthropische] *Schichten [...] besonders günstig für Gefüge sind* [...].«[80]

Tausend Plateaus gibt den privilegierten Standpunkt des Menschen also nicht gänzlich auf. Das Buch lässt den philosophischen Humanismus und die Subjektproblematik (wie sie seit Descartes von Kant, Hegel und Heidegger beschrieben wurde) nicht einfach fallen, um sich sofort in den Strudel des Inhumanen zu stürzen. Seine methodologische Raffinesse, d. h. sein Verständnis der Diagrammatisierung als materielle Schrift des Realen selbst, schließt jede Berufung auf die »Intuition« oder die »gelebte Erfahrung« des Realen aus. Deleuze und Guattari verstehen, dass wir nicht einfach aus den Strata auf die Konsistenzebene springen können (ob wir die Metaphysik der Stratifikation akzeptieren, ist eine andere Frage, auf die wir später zurückkommen). Wir können das, was den Menschen vom Nicht-Menschlichen unterscheidet, nicht einfach per philosophischem Dekret für nichtig erklären. An dieser Stelle enthüllt Deleuze und Guattaris sorgfältige Kartografierung der Schichten der Stratifikation die unhinterfragten phänomenologischen Zerrbilder einiger Strömungen der posthumanistischen Metaphysik. Die maschinische Pragmatik setzt an einem stratifizierten Ausgangspunkt an, der unvermeidbar anthropozentrisch ist; doch genau dadurch, dass sie sich einen gewissen strategischen Anthropozentrismus bewahrt, vermeidet sie es, in einen Anthropomorphismus abzurutschen und menschliche Eigenschaften auf die nicht-menschliche Realität zu projizieren. Eine solche Projektion ist typisch für jede

80 Ibid., S. 710, Hervorh. RB.

Metaphysik, die meint, das Kant'sche Zugangsproblem – die Frage, unter welchen Bedingungen menschliche Wesen die nicht-menschliche Realität denken und Wissen über sie haben können – einfach übergehen zu können. Anstatt die Beschränkungen der menschlichen Subjektivierung einfach zu ignorieren, sie dadurch nur zu verstärken und menschliche Eigenschaften auf das Nicht-Menschliche zu übertragen, möchten Deleuze und Guattari unsere stratifizierte Verfassung – unseren organischen, subjektivierten, signifikanten Zustand – als Hebelpunkt für die Entwicklung von Konsistenz nutzen.

Das Problem der Auswahl

Die Entwicklung oder Konsolidierung von Konsistenz ist immer ein selektiver Prozess. Wie wir wissen, sind es die konkreten Regeln, die die Auswahl treffen und die Konsolidierung gewährleisten. Das wirft sofort zwei Fragen auf: »Was wird gewählt?« und »Wie wird es gewählt?« Die Antwort auf die erste Frage lautet: Was auch immer den Grad der Konnektivität erhöht und die Dimensionen der Konsistenz vermehrt. Die Antwort auf die zweite lautet: durch die konkreten Regeln, die es uns erlauben, zwischen Vermehrungen und Verringerungen von Konnektivitätsgraden und Konsistenzdimensionen zu unterscheiden. Doch nun wird deutlich, dass wir mit der ersten Frage auch die zweite schon beantwortet haben: Das gewählte »Was?« ist auch das wählende »Wie?«. Es ist also die Ebene selbst, die die Auswahl trifft:

> Die Ebene bewirkt die *Zerlegung* in Mannigfaltigkeiten mit variablen Dimensionen. [...] Die Ebene ist so etwas wie eine Reihe von Türen [*enfilade*]. Und die konkreten Konstruktionsregeln der Ebene gelten nur, insofern sie eine selektive Rolle spielen. *Es wird tatsächlich durch die Ebene, das heißt durch den Konnexionsmodus möglich, die leeren und krebsbefallenen Körper zu eliminieren, die mit dem organlosen Körper rivalisieren; die homogenen Flächen zurückzuweisen, die den glatten Raum bedecken; die Todes- und Destruktionslinien zu neutralisieren, die die Fluchtlinie umlenken. Nur* was die Zahl der Konnexionen *auf jeder Ebene der Teilung oder Zusammensetzung* vermehrt, *bleibt bestehen, wird zurückgehalten und aufbewahrt, also geschaffen*, und all das in einer ebenso zu- wie abnehmenden Ordnung (was sich nicht teilen läßt, ohne sich zu verändern, was sich nicht zusammensetzen läßt, ohne den Vergleichsmaßstab zu wechseln...).[81]

Eine *enfilade* ist eine Reihe von Räumen, die jeweils durch eine einzige Tür miteinander verbunden sind, ohne einen externen Korridor, durch den man einen Raum betreten oder von einem Raum in den nächsten gelangen könnte. Der Korridor ist die zusätzliche Dimension der transzendenten Übercodierung in Bezug auf die Reihe untereinander verbundener Räume. Die Charakterisierung der Konsistenzebene als »*enfilade* von Türen« will sagen, dass es keine äußere Dimension (Korridor) gibt, über die die inneren Dimensionen (Räume) aufeinander bezogen werden könnten. Jeder Raum steht nur über seine Tür oder Schwelle mit

---

[81] Ibid., S. 702f., Hervorh. RB.

dem nächsten in Verbindung. Die Schwelle oder Grenze einer Mannigfaltigkeit oder eines Gefüges ist nur von deren Innerem her erreichbar. Jede Schwelle ist ein Verbindungsmodus von Raum zu Raum, von Mannigfaltigkeit zu Mannigfaltigkeit. Doch der Verbindungsmodus ist die Ebene selbst. Sie verbindet die Dimensionen, durch die sie selbst zusammengesetzt wird. Das bedeutet, dass die Kriterien der Auswahl (die konkreten Regeln) nur vom Standpunkt eines Gefüges (einer Dimension) aus begreifbar sind, das bereits dabei ist, die Ebene zu komponieren. Wir erinnern uns, dass die Auswahl getroffen wird durch eine Diagrammatisierung von Inhalt und Ausdruck, von dem, was in einem Gefüge gesagt und gemacht wird; dies jedoch so, dass die Diagrammatisierung eine nicht-formale Funktion und eine formlose Materie bestimmt, die ununterscheidbar geworden sind und ein Sagen betreiben, das auch ein Machen ist. Diese Diagrammatisierung ist die Vollendung der maschinischen Pragmatik: ein Sagen-Machen, das das Reale entwickelt und gleichzeitig vom Realen umhüllt wird. Die Auswahl wird zu einem kreativen Akt, der an der Selbstkonstruktion des Realen beteiligt ist. Daher ist es die Ebene (d. h. der Verbindungsmodus), die sich selbst durch die konkreten Regeln des Zusammenfügens auswählt: die Konnexion (Konsolidierung) ist die Auswahl der Konnexion. Dieses Handeln ist insofern asubktiv, als jede innerhalb eines Gefüges von konkreten Regeln getroffene Auswahl auch die Selbstauswahl oder Selbstkonsolidierung der Ebene ist.

Darin liegt eine beunruhigende, wenn auch von Deleuze und Guattari absichtlich konstruierte Zirkularität. Die Konsistenz wird durch die Vermehrung ihrer Konnexionen und Dimensionen konsolidiert. Die konsolidierende Auswahl wird durch konkrete Regeln getroffen, die wir selbst festlegen, denn wer sonst kann die Fragen beantworten, die die Regeln festlegen? Weil die Ebene ihrer praktischen Konstruktion nicht vorausgeht, *entscheiden wir,* was die Konnektivität auf der Ebene vermehrt oder vermindert; doch die Ebene entscheidet auch durch uns. Dies jedoch scheint eine verheerende Umkehrbarkeit in die Beziehung zwischen dem konkreten Gefüge (dem Stratifizierten) und der abstrakten Maschine (dem Destratifizierten) einzuführen. Die Selbstauswahl des Realen durch uns ist ebenso unsere Auswahl des Realen. Unsere entscheidende Rolle in der Komposition von Konsistenz, die ja in der konkreten Entwicklung des Umhüllten (Destratifizierten) bestehen soll, erfordert die Wiederumhüllung des Abstrakten im Konkreten (Stratifizierten). Die Absolutheit der Relativität (Konnexion) wird ununterscheidbar von der Relativität der Absolutheit (der organlose Körper als Diskonnexion). Aber bedeutet das nicht, dass wir das Absolute absolut relativieren? Und wenn dem so ist, ähnelt die maschinische Pragmatik dann nicht mehr und mehr ihren weniger glamourösen, prosaischeren, majoritären Cousins: dem pragmatischen Individualismus und dem liberalen Pragmatismus?

Die Qualitäten der Macht

Diese Umkehrbarkeit oder Relativierung ist symptomatisch für eine grundlegendere Schwierigkeit: Wie bestimmen wir das Maß der Konsistenz? Man kann nicht konstruieren ohne zu vermehren, selbst wenn dieses Mehr nicht in Einheiten gemessen wird. Wie also wählen wir aus, was vermehrt wird, wenn dieses nicht in festen Einheiten gemessen werden kann? Wenn wir Einheit subtrahieren müssen, damit das Ausmaß unserer konstruktiven Aktivität nicht anhand eines Maßstabs der Konstanz, Regelmäßigkeit oder Ordnung gemessen werden kann, was konstruieren wir dann? Wie messen wir die Dimensionen einer Konsistenz bar jeder Konstanz? Zwei aufeinanderfolgende Textpassagen sind hier besonders relevant. Die erste taucht auf der vorletzten Seite des Buches auf:

> Es findet also eine wirkliche Auswahl von Gefügen statt, entsprechend ihrer Fähigkeit, eine Konsistenzebene mit sich überschneidenden Verbindungen zu umreißen. Die Schizo-Analyse ist nicht nur eine qualitative Analyse abstrakter Maschinen in Bezug auf Gefüge, *sondern auch eine quantitative Analyse von Gefügen in Bezug auf eine angebliche reine abstrakte Maschine.*[82]

In diesem Abschnitt scheinen Deleuze und Guattari zu sagen, dass die Fähigkeit eines Gefüges zur Vermehrung der Konnexionsgrade und Konsistenzdimensionen quantitativ gemessen werden kann. Wenn diesem Vermögen ein quantitatives Maß entspricht, dann wird die Auswahl auf Grundlage dieses Maßes getroffen: Gefüge werden ausgewählt oder nicht entsprechend des Umfangs ihres Vermögens zur Vermehrung der Konnexionsgrade und Konsistenzdimensionen. Den Begriff des Vermögens

---

82 Ibid., S. 709, Hervorh. RB.

fassen Deleuze und Guattari wohl im Sinne eines Spinozistischen Machtbegriffs auf: die Macht oder das Vermögen zu affizieren und affiziert zu werden. Wenn wir eine grobe Äquivalenz zwischen Modi und Gefügen annehmen, dann entspricht der Realitätsgrad (die Konsistenz) jedes Gefüges seinem Vermögen zu affizieren und affiziert zu werden. Wie Deleuze über Spinoza schreibt: »[E]twas hat umso mehr Realität oder Vollkommenheit, auf je vielfältigere Weise es affiziert werden kann: *die Quantität an Realität hat ihren Grund immer in einem dem Wesen identischen Vermögen*«[83]. Das Vermögen ist identisch mit dem Wesen als Aktualität, nicht Potenzialität: das Wesen ist die Existenz als Tat. Daher ist das Wesen das Vermögen, tätig zu sein, zu affizieren und affiziert zu werden. Durch die Vermehrung dieses Vermögens wird Passivität zu Aktivität: »das Tätigkeitsvermögen ist die einzige reale, positive und bejahende Form eines Affiziertseinkönnens.«[84] Die Realität der Affektivität leitet sich ab aus dem Vermögen, tätig zu sein: je größer das Tätigkeitsvermögen, desto größer das Vermögen zu affizieren und affiziert zu werden. Doch was bestimmt diesen Machtzuwachs? Laut Deleuzes Nietzsche ist das Tätigkeitsvermögen eine Funktion der Quantität und Qualität der Kräfte, die einen Körper zusammensetzen. Die Qualität aber ist – und das ist entscheidend – der Aspekt der Quantität, der »in der Quantitäts-Differenz nicht auszugleichen ist«[85]. Die Qualität ist also die Intensität der Kraft. Unterschiede in der Quantität der Kraft werden durch verschiedene Qualitäten der

---

83 Deleuze 1993, S. 85.

84 Ibid., S. 198.

85 Deleuze 2002, S. 50, Übersetzung modifiziert.

Kraft, d. h. durch verschiedene Intensitäten (Geschwindigkeit, Wärme, Widerstand, Leitfähigkeit, etc.) generiert. Die von Deleuze so genannte »absolute Genese«[86] der Qualitäten der Kraft wird dem Willen zur Macht zugeschrieben. Die Macht ist das Sein der Kraft, ihre Realität oder Wirklichkeit. Doch weil die Macht der Wille zur Macht, d. h. Selbstintensivierung ist, bestimmt die Qualität des Willens zur Macht die Qualitäten der Kräfte. Die qualitative Differenz, die zur Macht gehört, ist entweder affirmativ oder negativ; die qualitative Differenz, die zu den Kräften gehört, ist entweder aktiv oder reaktiv. Daher folgen die Differenzen im Tätigkeitsvermögen, im Vermögen zu affizieren und affiziert zu werden, aus der grundlegenden qualitativen Differenz der Macht, die entweder affirmativ oder negativ ist. Doch wenn das, was ausgewählt wird, eine Machtdifferenz ist, und wenn die einzige Quantität der Macht durch ihre Qualität als entweder affirmativ oder negativ bestimmt wird, dann bestimmt die Qualität der Macht ihre eigene Quantität anhand ihres Vermögens zu affizieren und affiziert zu werden. Anders gesagt ist es der affirmative Wille zur Macht, der zwischen den affirmativen und negativen Qualitäten der Macht auswählt. Die Gefüge, die die Konnektivität und Konsistenz vermehren sind jene, die zwischen der Vermehrung und Verminderung ihrer Konnektivität und Konsistenz auswählen. Somit wiederholt sich in der Auswahl der Gefüge die absichtliche Zirkularität in Deleuzes Beschreibung der Auswahl des Willens zur Macht.

---

86 Ibid., S. 57.

Das Problem allerdings ist, dass diese Differenz in der Qualität der Macht bereits wirklich ist. Wenn die Differenzen im Tätigkeitsvermögen sich letztendlich auf Differenzen in den aktiven oder reaktiven Qualitäten der Kräfte reduzieren lassen, dann steht die Machtdifferenz, auf deren Grundlage die Auswahl zwischen Gefügen getroffen werden soll, bereits fest: die Differenz ist bereits wirklich (weil die Differenzen in der modalen Macht bereits mit Differenzen im attributiven Ausdruck der Gefüge korrespondieren). Das bedeutet, dass eine Differenz in der Macht bereits eine Differenz im Sein ist. Indem das Wesen auf die Existenz als Tätigkeitsvermögen reduziert wird, wird es unmöglich, zu unterscheiden, ob ein Unterschied im Sein gemacht (eine Auswahl getroffen), oder ob eine bereits bestehende Differenz im Sein als gegeben akzeptiert wird, weil die *wesentlichen* Unterschiede im Tätigkeitsgrad, d. h. die Differenzen in der Qualität der Macht, bereits getroffen (d. h. gewählt) wurden. Daher droht die Unterscheidung zwischen affirmativen und negativen Typen des Willens zur Macht in eine essenzialistische Differenzierung zwischen Typen von Potenz abzugleiten. Dabei sollte die Unterscheidung zwischen Machttypen doch ursprünglich eine Funktion der Auswahl sein: das Machen *ist* (angeblich) die Auswahl.

Das relativ Absolute

Letztendlich beruht die quantitative Machtdifferenz, auf Grundlage derer die Auswahl getroffen wird, auf einer qualitativen Differenz, deren Grund ontologisch, d. h. bereits wirklich oder wirksam ist. Daher stellt sich heraus, dass das operative Kriterium für die Auswahl zwischen Wirklichkeitsgraden oder Tätigkeitsvermögen nicht aus den Quantitäten der Macht hervorgeht, sondern aus ihrer Qualität: der Affirmativität. Wenn die Auswahl die Affirmation der Affirmation ist (wie in Deleuzes Beschreibung des Würfelwurfes), dann ist die Selbstaffirmation des Gefüges tatsächlich ununterscheidbar von der Selbstaffirmation der Konsistenzebene. Angesichts dieser Mehrdeutigkeit stellt sich folgende Frage: Können wir zwischen der persönlichen Selbstaffirmation und der unpersönlichen Selbstaffirmation des maschinischen Unbewussten unterscheiden?

In der zweiten der beiden oben erwähnten Textstellen, auf der letzten Seite des Buches, erkennen Deleuze und Guattari offen die Schwierigkeit an, zu messen, wie nah oder fern ein Gefüge einer »reinen« abstrakten Maschine ist:

> [A]uf den alloplastischen [anthropischen] Schichten, die besonders günstig für Gefüge sind, erheben sich abstrakte Maschinen, die Deterritorialisierungen durch Reterritorialisiserungen kompensieren, und vor allen Dingen Decodierungen durch Übercodierungen oder Äquivalente der Übercodierung. Wir haben also gesehen, daß *Gefüge, wenn sie von abstrakten Maschinen erschlossen werden, auch von abstrakten Maschinen geschlossen werden*. Eine Befehls- oder Kennwort-Maschine übercodiert die Sprache, eine Maschine zur Erschaffung des Gesichts übercodiert den Körper und sogar den Kopf, eine Unterwerfungs-Maschine übercodiert oder axiomatisiert die Erde: es geht keineswegs um Illusionen, sondern um reale Wirkungen von Maschi-

nen. *Man kann also nicht mehr sagen, daß die Gefüge nach einer quantitativen Skala danach bemessen werden, wie nah oder fern sie der Konsistenzebene sind.*[87]

Deleuze und Guattari begründen die Schwierigkeit der Messung von Konnektivitäts- und Konsistenzgraden also mit dem Imperialismus der anthropischen Strata, mit der Anthropomorphisierung der Erde. Doch die Übercodierung, Versklavung und Axiomatisierung, auf die sie hier hinweisen, können auch als Symptome der von ihnen so konstruierten Ununterscheidbarkeit zwischen persönlicher und unpersönlicher Selbstaffirmation verstanden werden; eine Mehrdeutigkeit, in der die bereits beschriebene Umkehrbarkeit von Voluntarismus und Determinismus, konkret und abstrakt, relativ und absolut wiederkehrt. Die »reine« abstrakte Maschine ist die Konsistenz als der Punkt, an dem Sagen und Machen ununterscheidbar werden, die absolute Entwicklung des Umhüllten. Doch die alloplastischen Strata generieren abstrakte Maschinen, die das, was auf den physikalischen und biologischen Ebenen entwickelt wurde, wieder umhüllen: jedes Zeichen wird signifikant, jede Diesheit wird subjektifiziert, jeder glatte Raum wird stratifiziert. Diese systematische Wiederumhüllung macht es schwierig, wenn nicht unmöglich, den Entwicklungsgrad eines Gefüges gegenüber *der* abstrakten Maschine oder Konsistenzebene zu messen. So hat sich eine verheerende Ununterscheidbarkeit eingeschlichen, die es unmöglich macht, zu sagen,

---

87 TP, Hervorh. RB, S. 710.

ob das Absolute im Relativen ist (das Abstrakte im Konkreten), oder das Relative im Absoluten (das Konkrete im Abstrakten).

Dieses Dilemma weist auf ein tieferliegendes Problem hin. Denn um diese Ununterscheidbarkeit abzuwehren, muss es möglich sein, Deterritorialisierungsgrade in Bezug auf eine absolute Bewegung zu messen – der volle Körper der Erde, das Deterritorialisierte, das kosmische Ei, etc.[88] Das ist das Absolute, anhand dessen wir die Deterritorialisierungsgrade und Gefügetypen messen. Daher

> [drückt das Absolute] weder etwas Transzendentes noch etwas Undifferenziertes aus; es drückt noch nicht einmal eine Quantität aus, die über jede gegebene (relative) Quantität hinausgehen würde. Es drückt nur einen Typus von Bewegung aus, der sich qualitativ von der relativen Bewegung unterscheidet. Eine Bewegung ist absolut, wenn sie, unabhängig von ihrer Quantität und Geschwindigkeit, ›einen‹ Körper, der als multipel angesehen wird, mit einem glatten Raum verbindet, den er in einer wirbelnden Bewegung besetzt.[89]

---

88 »Tatsächlich steht am Anfang eine absolute Deterritorialisierung, eine absolute Fluchtlinie der Konsistenzebene oder des organlosen Körpers (die Erde, die absolut Deterritorialisierte), wie komplex oder mannigfaltig diese Deterritorialisierung oder Fluchtlinie auch sein mag. Auf dieser Ebene, auf diesem Körper wird sie nur durch Stratifizierung relativ: Strata sind immer Rückstände und nicht umgekehrt [...].« Ibid., S. 81f.

89 Ibid., S. 705.

Die absolute Bewegung – die Drehung des Wirbels – unterscheidet sich *qualitativ* von der relativen Bewegung und ist gleichzeitig ihr Maßstab. Doch die Beibehaltung dieser absoluten Bewegung scheint dem Transzendenzverbot zu widersprechen, weil das Relative negativ als eine Verminderung, Begrenzung oder Relativierung der absoluten Bewegung definiert wird. Wie können wir die Relativierung der Bewegung negativ als eine Verminderung der absoluten Bewegung messen, ohne die Positivität der absoluten Bewegung unabhängig von dieser Begrenzung festzulegen? Die Drehung des Wirbels mag die Absolutheit einer intensiven Qualität haben, aber warum sollte gerade diese Qualität der Bewegung die bestimmende Eigenschaft des Absoluten sein? Ihre qualitative Absolutheit bleibt relativ gegenüber derjenigen jeder anderen Qualität der Bewegung (Deleuze und Guattari lehnen trotz ihres Spinozismus die Aussage ab, dass Determination gleich Negation ist). Daher bleibt die Unterscheidung zwischen relativ und absolut relativ, weil es keinen immanenten Zugang zum Absoluten gibt, der die Strata (d. h. die Selbstbegrenzung des Absoluten) umgehen würde.

Die Frage bleibt: Warum relativiert sich die absolute Bewegung? Wenn das Absolute eine Qualität der Bewegung ist, keine Quantität, wie lässt sich diese Qualitätsdifferenz dann vom Standpunkt des bereits relativen aus erklären? Das Problem ist, dass Deleuze und Guattari einen traditionellen, qualitativen Begriff des Absoluten beibehalten und gleichzeitig betonen, dass diese Qualität weder negativ definiert (als Unendliches im Gegensatz zu anderen endlichen Qualitäten), noch gänzlich unerreichbar oder transzendent gegenüber dem Relativen und Immanenten ist. Sie wollen die Absolutheit als eine bestimmte Qualität der Bewegung beschreiben. Doch die Differenzen in den Qualitäten der Intensität – die expressiven Merkmale der intensiven Materie – können nicht verabsolutiert werden, ohne auch die Beziehungen zwischen den Körpern, in denen diese sich manifestieren, zu verabsolutieren. Der Begriff der absoluten Intensität begrenzt die Intensitätskontinuen; Deleuze und Guattari jedoch wollen die Beziehung zwischen dem Absoluten und Relativen umkehren, sodass die relative Intensität die absolute Intensität begrenzt. Daher müssen sie einen positiven Begriff der Begrenzung liefern, der auf einem negativen Begriff des Unbegrenzten, oder Absoluten beruht. Denn das Absolute ist genau das, dessen positive Eigenschaften negativ in Bezug auf seine eigene Begrenzung definiert sind: *de*-territorialisierte Ströme, *a*-signifikante Partikel, *nicht*-formale Funktionen, form*lose* Materien. Dem organlosen Körper fehlt nichts, aber das, was ihm nicht fehlt, kann nur in Bezug auf das definiert werden, was ihm nicht gerecht wird, was nicht voll ist, was in Bezug auf ihn begrenzt, d. h. stratifiziert ist. Daher ist die Stratifikation Voraussetzung für die Destratifikation; die Stratifikation aber beruht auf einem Begriff des Destratifizierten, dessen positive Eigenschaften ausschließlich den Strata entnommen werden.

Schluss

Die Konsistenz der maschinischen Pragmatik steht und fällt mit der Theorie der Stratifikation. Diese ist in vielerlei Hinsicht eine großartige Konstruktion, die sich in kreativer Weise auf eine beeindruckende Reihe wissenschaftlicher Arbeiten bezieht (insbesondere auf François Jacob, Jacques Monod, René Thom und Ilya Prigogine).[90] Trotz alledem bleibt *Tausend Plateaus* ein ganz und gar spekulatives Buch. Wir sollten uns von seiner beeindruckenden Genialität nicht für die offensichtlichen Fragen blenden lassen: *Woher wissen sie das? Warum sollten wir ihnen glauben, dass die Realität wirklich so ist?* Diese Fragen als Kant'sche Obsession abzutun, ist ein billiges rhetorisches Manöver, das der philosophischen Ambition dieses Buches nicht gerecht wird. Ohne die Theorie der Stratifikation zerfällt die Konsistenz von *Tausend Plateaus*: sie ist der eine Faden, der all die ungeheuer verwickelten Gedankengänge zusammenhält. Ein Faden, der jedoch nicht *verifizierbar* an irgendetwas außerhalb des Buches befestigt werden kann.

Daher ist *Tausend Plateaus*, bei allen Lobgesängen auf das Primat der Exteriorität, letztendlich eine in sich geschlossene, selbstgenügsame Konstruktion, verwurzelt in einer Geste der Negation, die sie weder anerkennen noch in sich integrieren kann. Das Buch lehnt die Repräsentation mit ihren »sich verästelnden« Dichotomien zwischen Innen und Außen, Subjektivität und Objektivität, Wahrheit und Täuschung ab und es versucht, diese Ablehnung rein zu halten, indem es die Ablehnung als Auswahl und die Negation als eine Qualität der Macht interpretiert.

---

90 Der Provinzialismus dieser Liste sollte uns allerdings zu denken geben: alle Franzosen, alle aus den 1970ern. Kann eine so ambitionierte Theorie sich eine solch schmale Beleggrundlage leisten? Eine weitere wichtige Inspiration ist natürlich der dänische Linguist Louis Hjelmslev, der erstmals die Unterscheidung zwischen Inhalt und Ausdruck traf.

Daher soll die Ablehnung der Repräsentation (mit all ihren Dichotomien, Gegenüberstellungen und Negationen) keine Verweigerung sein, sondern schlicht eine Folge oder Konsequenz der vom Buch getroffenen Auswahl: Affirmation über Negation. Dieses Buch versucht nicht, sich selbst zu erklären, sondern affirmiert immer nur seine eigene Macht, worin ja genau die Macht der Affirmation besteht. Doch wie wir gesehen haben, beruht der Versuch, Negation auf Affirmation und Verweigerung auf Auswahl zurückzuführen, auf der Affirmation einer Differenz zwischen affirmativer und negativer Macht, die sich als fast schon essentiell erweist. Differenzen in der Qualität der Macht (affirmativ oder negativ) erweisen sich als wesentliche Differenzen im Sein. Aus demselben Grund kann nicht mehr unterschieden werden, ob eine Differenz zwischen Affirmation und Negation gemacht wird, oder ob diese Differenz als etwas bereits gegebenes akzeptiert, d. h. repräsentiert wird. Diese Unmöglichkeit der Unterscheidung zeugt von einer fundamentalen Inkonsistenz, einem Widerspruch, zwischen dem, was das Buch *sagt* und dem, was es *macht*. Trotz seiner Genialität kann *Tausend Plateaus* die Grenze zwischen dem Relativen und dem Absoluten, dem Begrenzten und dem Grenzenlosen nicht positiv beschreiben. Um seine systematische Verweigerung von Dialektik, Negativität, Interiorität und Transzendenz aufrecht erhalten zu können, hypostasiert es die Differenz zwischen Negativ und Positiv, Innen und Außen, Immanenz und Transzendenz als etwas Gegebenes, als ein letztlich transzendentes Faktum: Stratifikation. Alles in diesem Buch hängt davon ab, ob dem *De-* der Destratifikation ein positiver Sinn gegeben werden kann. Doch dieser positive Sinn ist nur die Umkehrung der Begrenzung der absoluten Bewegung, die es als Startpunkt voraussetzen muss: Stratifikation. Daher verabsolutiert das Buch die Begrenzung in einem aussichtslosen Versuch, das Absolute *nicht* als begrenzend zu definieren. Indem es die Negation und die Vermittlung, d. h. den Rechtfertigungszwang umgeht, versucht es, sich selbst unmittelbar (oder immanent) *zwischen* dem Relativen und dem Absoluten anzusiedeln – und verabsolutiert dabei das Dazwischen. Doch worin unterscheidet sich dieses absolute Dazwischen dann noch von dem utilitaristischen Kompromiss, der unseren Alltag bestimmt?

Die Logik der Entfremdung

> Diese einfache Unendlichkeit oder der absolute Begriff ist das einfache Wesen des Lebens, die Seele der Welt, das allgemeine Blut zu nennen, welches allgegenwärtig durch keinen Unterschied getrübt noch unterbrochen wird, das vielmehr selbst alle Unterschiede ist, so wie ihr Aufgehobensein [...]. [D]enn es ist schon die Entzweiung geschehen, der Unterschied ist aus dem Sichselbstgleichen ausgeschlossen und ihm zur Seite gestellt worden; was *das Sichselbstgleiche* sein sollte, ist also schon eins der Entzweiten viel mehr, als daß es das absolute Wesen wäre. Das *Sichselbstgleiche entzweit sich*, heißt darum ebensosehr: es hebt sich als schon Entzweites, es hebt sich als Anderssein auf.
>
> Hegel 1989, S. 132.

Die Dialektik ist die Logik der Entfremdung. Hegel und Marx sind die Denker der Entäußerung, weil sie dialektische Denker sind. Die selbstbezogene Negativität ist der Puls, das »allgemeine Blut« der Dialektik. Doch was ist diese »einfache Unendlichkeit«, die gleichzeitig alle Unterschiede ist und deren Überwindung? Für Hegel, den Idealisten, ist sie »der absolute Begriff«. Es ist schwieriger zu sagen, was sie für Marx ist, den angeblichen Materialisten. Vielleicht das, was der junge Marx »freie und bewusste Tätigkeit« nannte? Die freie und bewusste Tätigkeit bestimmt sich selbst: ihre Mittel und Zwecke werden ihr durch keine äußere Bestimmung, weder natürlicher noch sozialer Art, diktiert. Auch das kann nach Idealismus klingen, wenn man nicht präzisiert, dass es sich dabei nicht allein um die Tätigkeit des Bewusstseins handelt, sondern um soziale Praktiken, die vom kapitalistischen Zwang der Bedarfsdeckung und der Wertschöpfung befreit sind. Es sieht also aus, als ob Marx die selbstentfremdete Gleichheit einfach vom Begriff auf das menschliche Gattungswesen, verstanden als historisch wandelbares »ensemble gesellschaftlicher Verhältnisse« und nicht als festgesetzte Generalität, übertragen hätte.[91] Wenn es das ist, was Marx tut, dann hat er das menschliche Gattungswesen – oder eher: die kollektive Tätigkeit, die durch dieses ensemble gesellschaftlicher Verhältnisse hervorgebracht wird – mit einer Fähigkeit zur Selbsttransformation ausgestattet, die durch die Produktionsmittel und -verhält-

91 Marx 1976, *Thesen über Feuerbach*, S. 5 ff.

nisse hervorgebracht und durch die Institutionen von Eigentum, Klasse und Staat blockiert würde. Demnach enthält das ensemble gesellschaftlicher Verhältnisse eine Potenzialität des Werdens, die durch die sozialen Spaltungen von Arbeit und Klasse, die dieses ensemble erst hervorgebracht hat, gleichzeitig ermöglicht und verhindert wird.

Ich halte diese Interpretation für weitgehend richtig. Doch die Potenzialität, auf die sie sich beruft, ist mehrdeutig. Die dialektische Gestalt des Marxschen Denkens erfordert, dass diese Potenzialität gesellschaftliche Verhältnisse gleichzeitig hervorbringt und von ihnen hervorgebracht wird, einschließlich der Spaltungen von Arbeit und Klasse. Doch wie können die sozialen Verhältnisse, die durch Geld und Wert hervorgebracht werden, angesichts dieser wechselseitigen Abhängigkeit (der Tatsache, dass soziale Praktiken soziale Verhältnisse generieren und von diesen generiert werden) für die Nichtentfaltung des generativen Potenzials menschlicher Praxis verantwortlich gemacht werden? Die Frage lautet also nicht: Warum bestimmen diese sozialen Verhältnisse die Potenziale der Praxis? Es ist angesichts des Feedbacks zwischen sozialen Praktiken und Verhältnissen offensichtlich, warum Geld und Wert (als soziale Formen) soziale Praktiken bestimmen (und von diesen bestimmt werden). Die Frage lautet eher: Wenn wir diese wechselseitige Abhängigkeit zwischen sozialen Praktiken, Formen und Verhältnissen anerkennen, auf welcher Grundlage können wir dann sagen, dass diesen Praktiken ein unrealisiertes Potenzial innewohnt, das die aktuellen Formen und Verhältnisse, von denen es abhängt, übersteigt? Welcher unrealisierte Überschuss bleibt den Praktiken, wenn wir ihre wechselseitige Konstitution durch existierende soziale Formen und Verhältnisse subtrahiert haben? Anders gesagt: Wie können wir feststellen, dass den sozialen Praktiken des Kapitalismus etwas fehlt, wenn wir das menschliche Gattungswesen desubstanzialisiert und auf ein ensemble historisch wandelbarer sozialer Verhältnisse reduziert haben? Wenn wir das Gattungswesen auf ein historisch wandelbares ensemble sozialer Verhältnisse zurückführen, bleibt nichts in ihm verborgen, das in den wirklichen sozialen Praktiken nicht verwirklicht wäre. Doch wenn irgendein Aspekt des Gattungswesens das ensemble der sozialen Verhältnisse transzendiert und als unverwirklichtes Potenzial in Reserve gehalten wird, riskieren wir dessen Resubstanzialisierung als ahistorisches Wesen. Die freie und bewusste Tätigkeit ist entweder vollständig oder unvollständig in den sozialen Verhältnissen realisiert: ist sie vollständig realisiert, kann ihr nichts fehlen; ist sie unvollständig realisiert, kann sie nicht gänzlich durch soziale Verhältnisse konstituiert sein: dem Gattungswesen muss ein transzendentes Potenzial innewohnen.

Man mag versucht sein, solchen Überlegungen ein knappes Ende zu setzen: Falsch an den sozialen Verhältnissen des Kapitalismus sei die Ausbeutung, die Extraktion von Mehrarbeit aus Lohnarbeit. Doch es braucht keine metaphysischen Wirren, um den ausbeuterischen Charakter der Lohnarbeit und die mit ihr einhergehende Massenverelendung anzuerkennen. Diese Erwiderung ist politisch richtig, verfehlt jedoch (vielleicht absichtlich) das philosophische Argument. Ausbeutung ist eine analytische Kategorie, die uns nichts über das Wesen oder Potenzial der unausgebeuteten Arbeit sagt, oder warum sie ein größeres transformatives Potenzial beinhaltet als Lohnarbeit. Anhand welchen Maßstabes messen wir die Diskrepanz zwischen dem verwirklichten und dem unverwirklichten Potenzial der Arbeit? Aufgrund dieser Mehrdeutigkeit in der Potenzialität des menschlichen Gattungswesens – der Tatsache, dass es den wirklichen sozialen Verhältnissen gleichzeitig immanent und transzendent ist – wird Marx von seinen Kritikerïnnen eines transzendenten Begriffs des menschlichen Wesens beschuldigt, obwohl er vielfach betont, dass dieses Wesen eine Funktion historisch wandelbarer sozialer Verhältnisse ist. Für Empiristïnnen ist schwer einzusehen, was an Marx' Behauptung, dass die menschliche Gesellschaft nicht auf den Spaltungen von Arbeit und Klasse beruhen muss, obwohl diese in der menschlichen Geschichte allgegenwärtig sind, materialistisch sein soll. Warum nicht zugeben, dass diese Spaltungen unvermeidbar sind, wenn sie in der menschlichen Geschichte doch so verbreitet sind? Ist es kein Idealismus, ihre Notwendigkeit abzulehnen und daran festzuhalten, dass die Gesellschaft durch deren Abschaffung neu begründet werden kann? Dieser Einwand meint im Herzen des Marx'schen Materialismus einen versteckten Idealismus entdeckt zu haben: das, was ist, soll nicht sein und das, was nicht ist, soll sein. Wenn dieser Vorwurf begründet ist, dann ist der Kommunismus keine »wirkliche Bewegung«, die der Geschichte immanent ist, sondern ein unrealisiertes Ideal, ein reines Potenzial, dem die Geschichte nicht gerecht wird. Ich möchte diesen Vorwurf abwehren und behaupten, dass Marx' Materialismus auf Hegels selbstentfremdender Gleichheit beruht, um die scheinbare Dichotomie zwischen Immanenz und Transzendenz im

Potenzial der Praxis aufzulösen. Dies ist keine akademische Selbstgefälligkeit; es ist notwendig, damit der kommunistische Imperativ – die Realisierung der freien und bewussten Tätigkeit in den sozialen Verhältnissen – nicht als ein Trugbild nicht-entfremdeter Eigentlichkeit missverstanden wird.

Entäußerung und Entfremdung

Bekannterweise verwenden sowohl Hegel als auch Marx die Worte »Entäußerung« und »Entfremdung« in scheinbar austauschbarer Weise. In seiner englischen Übersetzung von Hegels *Phänomenologie des Geistes* markiert A. V. Miller diese Unterscheidung als »externalization« (Entäußerung) und »estrangement« (Entfremdung). Natürlich ist viel diskutiert worden, ob diese Heteronymie eine zugrundeliegende Synonymie überdeckt. Italo Testa jedoch hat überzeugende Argumente dafür geliefert, dass ihrer Unterscheidung tatsächlich eine Logik zugrunde liegt. Während die Selbstentäußerung des Geistes konstitutiv ist, unterscheidet Hegel zwischen zwei Formen der Entäußerung: jener, durch die der Geist seine Freiheit verwirklicht und jener, durch die er einer fremden Tätigkeit oder Macht unterworfen wird, die er selbst in entfremdeter Form ist. Jede Entfremdung ist daher auch Entäußerung; doch nicht jede Entäußerung ist auch Entfremdung. Testa sieht darin im Grunde die Frage nach dem dialektischen Wechselspiel zwischen der Unabhängigkeit und Abhängigkeit des Geistes. Diese Interpretation geht auf Adorno zurück: Der Geist befreit sich selbst von der

Unterwerfung unter die Natur (er erreicht Unabhängigkeit oder Autonomie) und bringt dadurch die Kultur als zweite Natur hervor, der er wiederum unterworfen ist (er wird in einer Weise von sozialen Institutionen, Bräuchen und Normen abhängig, die seine Freiheit vermindert). In Testas Worten wird die Natürlichkeit oder der Instinkt im Geist wiederholt und manifestiert sich in ihm in entfremdeter Form. Institutionen, Bräuche und Normen »beginnen wie eine Natur mit einer eigenen Art von Kausalität, wie eine entfremdete, reifizierte zweite Natur zu funktionieren.«[92]

Man kann diese Idee auch so auf den Punkt bringen: jede selbstbewusste Denaturalisierung generiert eine unbewusste Renaturalisierung. Testa zitiert zwei Beispiele dieser »Wiederkehr der unterdrückten Natur« im Geist aus Hegels *Phänomenologie*:

> [...] der natürliche Charakter, der gemäß der entfremdeten Dialektik des Schicksals innerhalb der unmittelbaren Sittlichkeit handelt; die Tatsache, dass das Individuum, sobald sein Personsein im römischen Rechtssystem abstrakt in seiner geistigen Form anerkannt wurde, den Wirren vielfältiger natürlicher, interner und externer Kräfte überlassen und in seiner animalischen Kontingenz entblößt wird; die Tatsache, dass der Begriff der legalen Person hier grundlos, d. h. für seine positive Anerkennung von dem brutalen Fakt der sozialen Macht abhängig ist, die sich im Imperium als zerstörerische Naturgewalt manifestiert.[93]

---

92 Testa 2020, S. 25.

93 Ibid.

Interessanterweise scheinen alle diese Beispiele auf historische Ereignisse zu verweisen: der dem Schicksal unterworfene natürliche Charakter in der vom göttlichen Gesetz beherrschten Welt der Griechen; das durch gesetzlose Gewalt abgesicherte Bürgerrecht im Römischen Reich. Diese Beispiele verleiten zu einer – wie ich sie nennen möchte – prozessualen Interpretation der Entfremdungsbewegung: zuerst die Unterwerfung unter eine Notwendigkeit, dann eine Entäußerung, durch die der Geist sich von dieser Unterwerfung emanzipiert, jedoch immer unvollständig, sodass eine andere Form von Unterwerfung generiert wird. Feuerbachs Religionskritik beruft sich auf dieses prozessuale Paradigma von Entäußerung und Entfremdung, die doppelte Entfremdung:

> Der Mensch – dies ist das Geheimnis der Religion – vergegenständlicht sein Wesen und macht dann wieder sich zum Gegenstand dieses vergegenständlichten, in ein Subjekt, eine Person verwandelten Wesens; er denkt sich, ist sich Gegenstand, aber als Gegenstand eines Gegenstands, eines andern Wesens.[94]

Die Objektifizierung liefert das erste Objekt, dem dann das Objektifizierende unterworfen, oder objektifiziert wird. Diese doppelte Vergegenständlichung ist entscheidend für den Entfremdungsbegriff des jungen Marx. Doch während sich die doppelte Vergegenständlichung bei Feuerbach innerhalb des menschlichen Selbstbewusstseins abspielt, wurzelt sie bei Marx in der

---

94 Feuerbach 2006, S. 71.

menschlichen Praxis, insbesondere in der sozialen Produktion. Menschliche soziale Beziehungen werden als Beziehungen zwischen Waren vergegenständlicht. Diese werden als Handlungsträger personifiziert, denen die Menschen im Gegenzug unterworfen sind. Wichtig ist hier die Tatsache, dass das menschliche Gattungswesen sich sowohl für Marx als auch für Feuerbach notwendigerweise selbst entäußert und somit produktiv ist (praktisch für Marx, theoretisch für Feuerbach), sodass die Unterwerfung nicht durch das Wiedereinsetzen einer Innerlichkeit abgeschafft werden kann. Weil die Praxis sich ihrem Wesen nach selbst entäußern muss, ist die Negation dieser Entfremdung (ihre Selbst-Unterwerfung) die Negation der entfremdeten Entäußerung, und nicht der Entäußerung an sich. Die Ent-Entfremdung ist die Wieder-Entäußerung der Entfremdung, nicht deren Verinnerlichung.

Doch wenn jeder Entäußerung, wie Testa beschreibt, eine Entfremdung innewohnt, dann können diese beiden Momente nicht als aufeinanderfolgende Schritte voneinander getrennt werden. Die Entfremdung kehrt wieder, weil die Entäußerung der Entfremdung auch die Wieder-Entfremdung der Entäußerung ist. Die prozessuale Interpretation dieser Bewegung verleitet uns dazu, diese Momente zu reifizieren und die Entäußerung als einen Prozess zu verstehen, der entweder Entfremdung oder Nicht-Entfremdung hervorbringt. Die Entfremdung aber ist der Schatten der Entäußerung, was nicht heißen soll, dass beide Aspekte nicht unterschieden werden können. Tatsächlich müssen wir jene Institutionen, Bräuche und Normen, denen wir unterworfen sind und die für uns zu einem mechanischen Zwang geworden sind, von jenen unterscheiden, durch die wir unsere freie und bewusste Tätigkeit (unser Gattungswesen) verwirklichen können. Entscheidend ist, dass diese Unterscheidung immer historisch umgrenzt ist, sodass uns die sukzessive Einsicht in unsere Unterwerfung unter das Objekt (objektive Entfremdung) blind macht für unsere Unterwerfung unter das Subjekt, das jene Unterscheidung trifft (Entfremdung der Externalisierung). Doch diese Unterwerfung schafft neue Freiheiten. Daher sollte die Unterscheidung zwischen Zwang und Freiheit nicht zu einer manichäischen Gegenüberstellung von Verhinderung und Ermöglichung werden. Doch bevor wir dieses Argument weiter verfolgen, müssen wir uns noch einmal einer weiter oben gestellten Frage zuwenden: Wenn die Unterscheidung zwischen Entfremdung und Ent-Entfremdung sich auf das Gattungswesen berufen muss, wie ermessen wir dann die Diskrepanz zwischen realisierten und unrealisierten Graden freier und bewusster Tätigkeit?

Wesen und Werden

Dem menschlichen Gattungswesen ein historisch unrealisiertes Potenzial zuzuschreiben bedeutet, aus Marx' Materialisierung von Hegel eine Rückkehr zu der traditionellen (Aristotelischen) Artikulation von Wesen und Werden zu machen – eben jener Artikulation also, die durch Hegels selbstentfremdende Gleichheit zerstört wurde. Für Aristoteles bestimmt das Wesen die Potenzialität. Der Bereich des Werdens umkreist den Fixpunkt einer wesentlichen Identität. Diese Grenze ist umschrieben in der Differenz zwischen den Gegensätzen innerhalb der substanziellen Form und den Widersprüchen, die diese Form ausschließt. Sokrates kann jung oder alt sein, glücklich oder traurig, stehen oder sitzen, aber weil er wesentlich ein rationales Tier ist, kann er nicht irrational oder leblos sein, ohne aufzuhören, Sokrates zu sein. Die substanzielle Form (z.B. Sokrates als rationales Tier) fixiert die Grenzen im Voraus, sodass das Werden durch die Furchen generischer Spaltungen geleitet wird. Doch das Wesen als selbstentfremdende Gleichheit unterwandert diese Spaltungen und löst die Festigkeit der substanziellen Form auf, sodass die Widersprüchlichkeit den Kern der Wirklichkeit ausmacht. Für Aristoteles bedeutet die Identität des Wesens, dass Aktualisierung gleich Substanzialisierung ist, d. h. die Vollendung der Potenzialität und die Ausschöpfung wesentlicher Möglichkeit. Für Hegel dagegen deformalisiert die Selbstentfremdung des Wesens die Substanz; die Verwirklichung (Aktualisierung) wird durch die Widersprüchlichkeit im Kern des Wirklichen zur Desubstanzialisierung. Die Unterwerfung des Werdens unter die substanzielle Form und die Trennung des Möglichen vom Unmöglichen sind somit aufgehoben. Nur was geworden ist, kann rückblickend als wesentlich betrachtet werden. Und was wesentlich geworden ist, bestimmt rückwirkend, was möglich sein wird. Jedes Werden bestimmt neu, was das Mögliche vom Unmöglichen abgrenzt als eine Trennung, die durch die praktische Verwirklichung der ihr zugrundeliegenden wesentlichen Differenz aufgehoben wird.

Darum ist die Geschichte kein sukzessiver Prozess der Entfremdung und anschließenden Ent-Entfremdung der freien und bewussten Tätigkeit. Genauso wenig werden die Möglichkeiten der freien und bewussten Tätigkeit – dem wesentlich oder generisch Menschlichen – durch irgendein angeblich ursprüngliches, nicht-entfremdetes Wesen vorgegeben. Marx' Beharren auf der historischen Immanenz bedeutet, dass wir kein Kriterium nicht-entfremdeter Tätigkeit für wesentlich erklären können, indem wir die Art und Weise, wie wir gegenwärtig zwischen Entfremdung und Ent-Entfremdung unterscheiden, generalisieren. Denn dieses Kriterium ist den Tätigkeitsformen, die in spezifischen Produktionsweisen begründet sind, zu jedem Zeitpunkt immanent. Doch genausowenig wie die Geschichte eine prozessuale Entwicklung ist, ist sie empirisch gegeben als vorhandene Reihe von Fakten. Zu historisieren bedeutet nicht, bereits existierende Fakten in einer linearen Progression, die sich von der Vergangenheit in die Gegenwart erstreckt, aneinanderzureihen. Wie Marx sagte, ist »die Anatomie des Menschen ein Schlüssel zur Anatomie des Affen.«[95] Zu historisieren bedeutet, die Vergangenheit aus der Gegenwart zu entfalten, nicht die Gegenwart aus der Vergangenheit. Es erfordert, sich die retrospektiven Voraussetzungen unserer gegenwärtigen Möglichkeiten bewusst vor Augen zu halten. Wir müssen unsere frühere Unfreiheit, unsere Entfremdung, rückprojizieren, um unsere gegenwärtigen Freiheitsgrade erkennen zu können – nicht als positive, substanzielle Attribute, sondern als Entfremdung der Entfremdung.

---

95 Marx 1983, *Grundrisse der politischen* Ökonomie, S. 39.

Marx kann die Dialektik nur materialisieren, weil er die von ihm als generisch menschlich aufgefasste Potenzialität nicht positiviert. Das bedeutet, dass er sie nicht als positives Wesen charakterisiert, sondern als das, was Simon Skempton eine »unbestimmte Bestimmbarkeit« nennt: »Sie ist eine negative und inhaltslose Universalität; die Überwindung jeder spezifischen Bestimmtheit; daher nicht die Universalisierung irgendeiner Bestimmung.«[96] Es ist diese negative Universalität des Menschseins, die in Geld und Wert entfremdet ist. Daher schreibt Marx:

> Die Verkehrung und Verwechslung aller menschlichen und natürlichen Qualitäten, die Verbrüderung der Unmöglichkeiten – die *göttliche* Kraft – des Geldes liegt in seinem *Wesen* als dem entfremdeten, entäußernden und sich veräußernden *Gattungswesen* der Menschen. Es ist das entäußerte *Vermögen* der *Menschheit*.[97]

In Skemptons Worten:

> In dieser Entäußerung nimmt die universelle Bestimmbarkeit die Form der ›Spektralität‹ des Geldes und des Tauschwerts an. Für Marx ist das ›Gattungswesen‹ der Menschheit eine nicht-substanzielle, nicht-wesentliche Universalität, die an keine Bestimmtheit gebunden ist, was die Grundlage ihrer sozialen Relationalität

96 Skempton 2010, S. 200.

97 Marx 1968, *Ökonomisch-philosophische Manuskripte*, S. 565.

> ausmacht. Diese Universalität jedoch ist vom Individuum entfremdet durch die kapitalistischen gesellschaftlichen Verhältnisse und die Arbeitsteilung, die es ihrerseits an eine spezifische Bestimmtheit binden.[98]

Die Frage ist, ob diese universelle Bestimmbarkeit entfremdet wurde, oder ob sie (rückwirkend) aus dieser Entfremdung hervorgegangen ist. Wenn das generische Wesen der Menschheit, ihr Gattungswesen, eine »nicht-substanzielle, nicht-wesentliche Universalität« ist, dann kann die Entäußerung, um die es hier geht, nicht die der Entfremdung des generisch Bestimmbaren in seiner spezifischen Bestimmtheit sein (wie wenn Theologïnnen die menschliche Kraft und Weisheit als begrenzte Manifestationen der grenzenlosen Kraft und Weisheit Gottes beschreiben). Denn in diesem Fall wäre die Unbestimmtheit des Bestimmbaren eine Subtraktion von der Bestimmtheit seiner Spezifizierung und seine Negativität wäre Folge der Negation der Bestimmtheit, nicht der Negation der Negation. Anders gesagt würde die spezifische Bestimmtheit positiv in seiner Negativität nachhallen: es wäre eine relative, keine selbstbezogene Negativität. Doch der Menschheit ein generisches, transformatives Potenzial zuzuschreiben, das im Laufe der Geschichte entfremdet wurde, bedeutet, diese Bestimmbarkeit als einen separaten Moment aufzufassen, der seiner Selbstentfremdung vorausgeht. Das Wesen wird als einer der entfremdeten Momente – der es ja ist – substanzialisiert, ohne aber als Entzweiung oder Entfremdung als

---

98 Skempton, S. 126.

solche begriffen zu werden. Darin liegt die dem Menschen eigene negative Universalität: der Mensch ist keine besondere Differenz, sondern eine andere Art von Differenz. Interessanterweise ist das auch Heideggers Charakterisierung des Daseins als »Seinkönnen«. Im Falle Heideggers jedoch gibt es eine vielsagende begriffliche Verbindung zwischen der Reinheit der Potenzialität und dem Pathos der Eigentlichkeit oder Authentizität. Heideggers Faschismus ist in dieser Verwicklung von Potenz, Transzendenz und Eigentlichkeit bereits enthalten.

Doch der dialektische Twist besteht darin, dass die Negativität dieser Universalität dem Menschen nicht eigen ist, weil die selbstbezogene Negativität die Uneigentlichkeit (oder Akzidentialität) ist, auf der die dem Menschen eigene Bestimmbarkeit beruht. Das heißt, dass die unbestimmte Bestimmbarkeit des Menschseins ihrer Entfremdung in den sozialen Formen von Geld und Tausch nicht vorausgeht; sie wird durch diese Formen erst ermöglicht. Das Bestimmbare ist unbestimmt durch seine Entfremdung. Weil das Sichselbstgleiche bereits einer der entfremdeten Momente ist, muss jede in ihm enthaltene Potenzialität nach und nicht vor seiner Entfremdung liegen. Potenzialität wird *ex post* bestimmt, nicht *ex ante*. Was Marx zu einem Materialisten macht, ist die Auffassung, dass die negative Universalität der menschlichen Gesellschaft sich in und durch die sozialen Formen, die sie zu negieren scheinen, als reale (und nicht nur ideale) Möglichkeit verwirklicht. Der Kommunismus befreit die soziale Tätigkeit nicht, um ein entfremdetes Wesen – eine reine, durch Tausch verflachte und der kapitalistischen Selbstverwertung unterworfene Potenzialität – wiederherzustellen. Stattdessen sieht er in der autotelischen Zweckhaftigkeit des Geldes die Entfremdung einer entfremdenden Tätigkeit: die Tauschabstraktion ist das Erscheinen eines Wesens, der menschlichen Gesellschaft, deren Wirklichkeit sie widerspricht; doch diese Widersprüchlichkeit und die politische Praxis, die sich aus ihr ableitet, sind die Grundlage, auf der die Wirklichkeit der Gesellschaft neu begründet werden kann. In Geld und Tausch erkennen wir die Potenzialität unserer entäußernden Tätigkeit, die in ihrer reinen Bestimmbarkeit eine greifbare Form erhalten hat. Geld und Tausch entstehen durch unsere Tätigkeit, doch erst wenn diese Tätigkeit als in der illusorischen Autonomie von Geld und Tausch entfremdet erscheint, können wir uns diese Tätigkeit und die Möglichkeiten, die mit der Erkenntnis ihrer Entfremdung entstehen, aneignen.

Entfremdende Freiheit

Wir werden niemals endgültig zwischen entfremdenden und nicht-entfremdenden Automatismen gegenwärtiger Institutionen, Bräuche und Normen unterscheiden können. Diese Unterscheidung retrospektiv konstruiert werden. Das prozessuale Modell beschreibt eine Bewegung von Entäußerung zu Entfremdung, und von Entfremdung zu weiterer Entäußerung (Ent-Entfremdung). Doch das prozessuale Modell reifiziert und trennt die Momente einer Bewegung, die für Hegel untrennbar sind und in der Entfremdung und Ent-Entfremdung, Zwang und Freiheit, zusammenfallen. Die Entfremdung ist nicht einfach die Rückkehr der unterdrückten Natur in der freien und bewussten Tätigkeit – die Wiederholung des Zwangs in seiner Abschaffung – solange diese Rückkehr oder Wiederholung als Wiederkehr eines anfänglichen, vorhergehenden Stadiums verstanden wird. Viel eher ist die Entäußerung die Ent-Entfremdung *als* Entfremdung. Die Aussicht auf Ent-Entfremdung entsteht nur rückblickend durch eine ermöglichende Entfremdung. Objektifizierung und Subjektifizierung sind zwei Facetten einer einzigen Bewegung. Das ist der Grund, warum es kein Narrativ von der Überwindung der Notwendigkeit der Überwindung geben kann; keine Geschichte, in der der Zwang der Wiederholung durch die erinnernde Vergegenwärtigung des Zwangs aufgelöst würde. Es gibt keinen Selbstbezug ohne Entfremdung. Nur rückblickend können wir unterscheiden, was uns vom Zwang befreit und was uns zur Freiheit zwingt. Doch dieses Rückblicken ist ein Zwang der Geschichte. Denn es ist die Art und Weise, in der die Geschichte gleichzeitig von uns gemacht wird und uns geschieht. Die ursprüngliche Entfremdung ist die Entfremdung der Geschichte als diese Kluft zwischen unserer entäußernden Tätigkeit und ihrer objektiven Entfremdung. Die Einsicht, dass die Entfremdung bereits stattgefunden hat, bedeutet zu realisieren, dass es die Wiederkehr der ursprünglichen Enteignung ist, die uns zu der Aneignung unserer selbst und zur Affirmation der Notwendigkeit dieser Aneignung befähigt, mit dem Wissen, dass diese Aneignung weitere Enteignungen zur Folge hat. Die Geschichte enteignet uns und gibt uns die Mittel an die Hand, um frei zu werden.

Korrelation, Spekulation und die modale Kant-Sellars These

Das Motto des wissenschaftlichen Zeitalters könnte lauten: Naturphilosophen haben ›Bedeutungen‹ bisher nur zu verstehen versucht; es kommt darauf an, sie zu verändern.

Wilfrid Sellars 1958, S. 288.

In *Nach der Endlichkeit* versucht Quentin Meillassoux den »Korrelationismus«[99] – sein Begriff für all jene posthegelianischen Philosophien, die das Absolute ablehnen – spekulativ zu überwinden. Mit »spekulativ« meint Meillassoux »jedes Denken, das den Anspruch erhebt, zu einem Absoluten im Allgemeinen gelangen zu können.«[100] Weil der Korrelationismus jede Berufung auf ein notwendiges Sein ablehnt, verbietet er jede Form von Spekulation. Doch auch wenn jede Metaphysik spekulativ ist, »[ist] nicht jede Spekulation metaphysisch und nicht jedes Absolute dogmatisch«[101]. Metaphysische Spekulation setzt das Absolute mit einem notwendigen Sein gleich. Meillassoux' spekulative Überwindung des Korrelationismus dagegen beruht auf der Trennung von Notwendigkeit und Sein. Das Absolute, verstanden als das Notwendige, ist nicht, was *ist,* sondern was *sein könnte.* Darin liegt Meillassoux' Verabsolutierung der Kontingenz. Die erstaunlichen Konsequenzen dieses Manövers können leicht übersehen werden, wenn man vergisst, dass Meillassoux die Möglichkeit von der *Quiddität* entkoppelt hat, sodass das, was sein könnte, vollkommen losgelöst ist von dem, was ist; tatsächlich ist für Meillassoux nichts unmöglich, außer etwas notwendiges.

Meillassoux' Überwindung des Korrelationismus behauptet, dass die Vernunft *a priori* Zugriff auf das Sein hat, verstanden als reine Potenzialität und nicht als wirkliche Substanz; daraus folgt

---

99 Siehe Meillassoux 2014a.

100 Meillassoux 2014a, S. 54, Übersetzung modifiziert.

101 Ibid., Übersetzung modifiziert.

ein spekulativer Rationalismus, der den Satz vom zureichenden Grund für ein empiristisches Vorurteil hält und verwirft. Meillassoux' Rationalismus beinhaltet also die Möglichkeit einer Entstehung *ex nihilo*: ontologische Diskontinuitäten sind keine Ausnahme, sondern die Regel. Ich möchte Meillassoux' Loslösung der Vernunft von der Erfahrung und deren wie ich finde überzogene Konsequenzen einer Version der Rationalität gegenüberstellen, die sich einen gewissen Empirismus beibehält und der Vernunft gerade dadurch die Macht gibt, die Erfahrung zu verändern. Dies ist Wilfrid Sellars' Version der Rationalität. Sellars folgt Kant in der Auffassung, dass die Modalität in uns ist und nicht in den Dingen an sich. Doch er hält gleichzeitig an der Realität des An-sich fest, indem er betont, dass die Vernunft mit der Sinnlichkeit in Beziehung steht; anders als Meillassoux, für den die Vernunft von sich aus zum An-sich gelangen kann. Doch wie wir sehen werden, trennt Meillassoux die Vernunft von der Sinnlichkeit, nur um das Denken im nächsten Moment wieder im Empfinden zu umhüllen. Vielleicht erlaubt Meillassoux es der Vernunft, die Sinnlichkeit zu transzendieren, um das Absolute zu erreichen, weil er Kants epistemische Abgrenzung des Denkens von der Sinnlichkeit für einen Vorläufer des Korrelationismus hält, den er bekämpfen möchte. Sellars lehnt diesen transzendenten Begriff des An-sich als intelligibles Absolutes ab und rettet dadurch den rationalen Kern des Korrelationismus, ohne dessen epistemischen Relativismus oder den irrationalen Konsequenzen von Meillassoux' spekulativem Gegenentwurf zu verfallen.

Der erste Abschnitt dieses Essays behandelt einige Schwierigkeiten von Meillassoux' spekulativer These über die Notwendigkeit der Kontingenz. Der zweite Abschnitt führt die modale Kant-Sellars These ein und behauptet, dass aus Sellars' Unterscheidung zwischen semantischer und pragmatischer Inferenz eine überzeugende Alternative zu Meillassoux' spekulativem Ausgang aus dem Korrelationismus entwickelt werden kann. Der dritte und letzte Abschnitt stellt Sellars' pragmatischen Rationalismus als eine Art und Weise des Begründens der Vernunft [*reasoning about reason*] vor, die der Kontingenz gegenüber offener ist als Meillassoux' spekulativer Rationalismus.

Meillassoux' spekulative Überwindung des Korrelationismus

Nach der Endlichkeit ist vielfach dafür kritisiert worden, dass es die Verwicklungen der Philosophiegeschichte seit Hegel einfach ausblendet. Doch dieses Ausblenden geschieht absichtlich. Denn *Nach der Endlichkeit* verzichtet wie Descartes' *Meditationen* (an die sich das Buch teilweise anlehnt) auf jede Form von Gelehrsamkeit, um sich als eine Intervention in die zeitgenössische Philosophie in Szene zu setzen. Für seine kritische Diagnose der Philosophie der Gegenwart konstruiert Meillassoux ein dialektisches Narrativ, das von Kants »schwachem« Korrelationismus zu Hegels spekulativem Idealismus, und vom spekulativen Idealismus zum »starken« Korrelationismus führt, für den beispielhaft die gegenwärtige »post-metaphysische« Philosophie steht (und deren Hausheilige Heidegger und Wittgenstein sind). Der entscheidende Wendepunkt in diesem dialektischen Narrativ ist Meillassoux' Hauptargument gegen den starken Korrelationismus, das die Notwendigkeit der Kontingenz behauptet und seinen eigenen »spekulativen Materialismus« einführt. Ich habe Meillassoux' Hauptargument bereits anderswo[102] im Detail untersucht und werde mich hier daher auf die drei dialektischen Stadien konzentrieren, die ihm vorausgehen. Es sind die folgenden:

1. Schwacher Korrelationismus (Kant): Wir können das Für-uns *erkennen*, doch das An-sich können wir nur *denken*.
2. Spekulativer Idealismus (Hegel): Wir können wissen, dass das Für-uns auch das An-sich ist.
3. Starker Korrelationismus (Meillassoux denkt dabei an die post-metaphysische Philosophie im weitesten Sinne: Phänomenologie, Dekonstruktion und Pragmatismus nach Habermas und Nietzsche): Die spekulative Identifikation des Für-uns mit dem An-sich ist nur für uns.

Ich werde alle drei kurz beschreiben und mich dabei nur auf die Aspekte beziehen, die Meillassoux herausgreift.

Schwacher Korrelationismus

Kant grenzt den dogmatischen Absolutismus, hier verstanden als metaphysischen Realismus, kritisch ab: alles Objektive ist mit dem transzendentalen Subjekt korreliert. Die Realität der Objekte (Dinge, Eigenschaften, Beziehungen) wird auf die transzen-

---

[102] Brassier 2007, S. 63-83.

dentale Korrelation relativiert. Das An-sich existiert als nichtwidersprüchlicher Grund der Erscheinungen, doch seine Struktur ist unerkennbar, d. h. nicht objektifizierbar. Die Kategorien und Formen der Anschauung betreffen nur die Erscheinungen, nicht die Dinge an sich: transzendentale Strukturen sind notwendig, damit Erscheinungen erkannt werden können, doch sie sind keine Eigenschaften der Dinge an sich. Für Meillassoux ist auf diesem Stadium entscheidend, dass die transzendentale Reflexion nicht erklärt, warum Raum und Zeit die einzigen zwei Formen der Anschauung sind oder warum es genau zwölf Kategorien gibt. Daraus leitet er die Behauptung ab, dass es für diesen Fakt keinen zureichenden Grund gibt. Das Transzendentale zeichnet sich daher durch eine *Kontingenz zweiter Ordnung* aus: nicht die Kontingenz empirischer Fakten, sondern die Kontingenz der Bedingungen dafür, dass irgendetwas als empirischer Fakt zählen kann. Dies ist das, was Meillassoux als die »Faktizität« der Korrelation bezeichnet.

Spekulativer Idealismus

Meillassoux versteht Hegels wichtigste Kritik an Kant wie folgt: Das, was das Für-uns konstituiert (die Korrelation), manifestiert auch das An-sich (das Absolute). Indem die Vernunft die kognitiven Momente der Unmittelbarkeit, der Vermittlung und der vermittelten Unmittelbarkeit durchläuft, kann sie die prozessuale Identität des Für-uns und des An-sich denken. Durch diese prozessuale Identifikation begründet die Vernunft ihren eigenen

Zugang zum Sein: die Korrelation ist nicht länger ein Fakt, sondern wird als notwendig verabsolutiert. Durch diesen Prozess wird die Korrelation verzeitlicht (historisiert); doch diese Verzeitlichung ist rational strukturiert: es gibt einen Grund (Notwendigkeit) für die Entfaltung der Erscheinungen für das Bewusstsein (Kontingenz). Der spekulative Idealismus relativiert das kritische Absolute (das An-sich als Unerkennbares) auf die Korrelation und reintegriert es somit als das An-sich des Korrelats. Weil die Faktizität der Korrelation für uns (phänomenologische Subjekte) an sich ist, wird sie erkennbar, und zwar als das, was durch uns an und für sich notwendig ist.

Starker Korrelationismus

Laut Meillassoux' Narrativ überholt der starke Korrelationismus den spekulativen Idealismus auf die gleiche Weise, wie dieser den schwachen Korrelationismus überholte, und zwar in zwei Schritten: Zuerst relativiert er jedes dogmatische Absolute (jedes An-sich) auf die Korrelation: das An-sich ist immer Für-uns. Dann verhindert er die spekulative Verabsolutierung der Korrelation, indem er deren Kontingenz behauptet: die Korrelation hätte auch nicht oder anders sein können; ihre Notwendigkeit bleibt unerkennbar. Anders gesagt: die Korrelation kann nicht durch uns *an und für sich* werden. Nun stellt sich die Frage, was sie davon abhält. Der starke Korrelationismus gibt darauf folgende Antwort: die Faktizität, oder was Heidegger *Endlichkeit* nannte. Die Endlichkeit ist eine Kontingenz zweiter Ordnung: die Faktizität der

Bedingungen empirischer Fakten. Sie ist eine Antwort auf die folgende Aporie: Um den metaphysischen Realismus abzuwehren, muss der starke Korrelationismus jedes dogmatische Absolute mit einem Verweis auf den korrelationistischen Zirkel relativieren: jedes gegebene Absolute wird als gegeben gesetzt. Doch um den spekulativen Idealismus abzuwehren, muss der starke Korrelationismus auch die Korrelation entabsolutieren, indem er auf deren Faktizität verweist: die Korrelation hätte auch anders oder nicht sein können. Daher muss die Faktizität der Korrelation verabsolutiert werden, um die Korrelation zu entabsolutieren: das ist es, was verhindert, dass die Korrelation an und für sich wird.

An dieser Stelle kommt Meillassoux' spekulative Intervention ins Spiel. Die Nichtexistenz der Korrelation ist nicht nur epistemisch möglich (für uns), sondern alethisch möglich (an sich). Diese alethische Möglichkeit verweist auf eine reine ontologische Potenzialität, die von jeder substanziellen Determination entbunden ist: Meillassoux nennt sie »*surcontingence*« (Superkontingenz) oder »absolute Zeit«. Meillassoux' spekulative Verabsolutierung der Faktizität verwandelt eine epistemologische These über die Nichtverfügbarkeit von Gründen in eine ontologische These über die Existenz einer Potenzialität ohne Grund. Aus dieser reinen, alogischen Potenzialität erwächst eine Möglichkeit, die an sich als real oder absolut verstanden wird (Meillassoux unterscheidet diese beiden Begriffe nicht):

> [L]etztendlich ist der Gegenstand der Philosophie nicht das Sein oder das Werden, die Repräsentation oder die Realität, sondern eine ganz besondere Möglichkeit, die nicht ein formales Mögli-

ches, sondern ein reales und dichtes Mögliches ist, das ich das ›*peut-être*‹ nenne – das ›Kann-sein‹.[103]

Weil das Absolute jenseits der Korrelation kein Ding ist, das *ist*, sondern das »Kann-sein« eines jeden Dinges, beschreibt Meillassoux seine Position als »spekulativen Materialismus«:

> Was wir jenseits der Korrelation entdecken werden, hat nichts mehr mit den naiven Begriffen von Dingen, Eigenschaften und Beziehungen zu tun. Die Realität, die wir dort finden werden, unterscheidet sich fundamental von der gegebenen Realität. Aus diesem Grund beschreibe ich meine Philosophie nicht als Realismus, sondern als spekulativen Materialismus: weil ich mich daran erinnere, was Foucault einmal gesagt hat: ›Ich bin Materialist, weil ich nicht an die Realität glaube.‹[104]

Der Materialismus gelangt vom dogmatischen ins spekulative Register, indem er die metaphysische Reifizierung der Materialität als Atom oder Kraft aufgibt. Er bricht mit dem metaphysischen Realismus, indem er die Kontingenz, verstanden als absolute Potenzialität, über den Zufall erhebt, den er als das *wirkliche* Wirbeln der Atome und das *wirkliche* Spiel der Kräfte versteht.

---

103 Meillassoux 2014b, S. 27.

104 Meillassoux 2014b, S. 19.

Der zentrale Spielzug in Meillassoux' spekulativer Ableitung der absoluten Kontingenz besteht in der Umwandlung einer epistemischen Kontingenz (was für uns kontingent ist) in eine alethische Kontingenz (was an sich kontingent ist). Pete Wolfendale hat argumentiert, dass die dialektische Brücke, die Meillassoux zwischen dem *Für-uns* und dem *An-sich* zu errichten versucht, auf dem wackligen Fundament einer fehlenden Unterscheidung beruht: Meillassoux unterscheidet nicht zwischen der epistemischen Kontingenz nomologischer Notwendigkeit – unserer Ungewissheit über die Notwendigkeit der uns bekannten Gesetze – und der logischen Notwendigkeit nomologischer Kontingenz – der logischen Unmöglichkeit, universelle Notwendigkeit aus endlichen Regelmäßigkeiten abzuleiten:

> [...] die Verabsolutierung der Faktizität beruht auf der Überschneidung zwischen epistemischer Modalität und alethischer Modalität im Bereich der logischen Notwendigkeit, insofern sie die epistemologischen Bedingungen für faktische Unstimmigkeiten zur ontologischen Struktur von Fakten macht. Das wiederum deutet darauf hin, dass die Inferenz von absoluter Faktizität auf absolute Zeit von dem Unterschied zwischen (nicht zeitlicher) logischer Notwendigkeit und (zeitlicher) nomologischer Notwendigkeit abhängt, weil sie die logische Möglichkeit, dass die Dinge

> anders sein könnten, in die nomologische Möglichkeit verwandelt, dass die Dinge anders werden könnten [...][105]

Wolfendales hilfreicher Kommentar greift auf, was wir das Hume-Meillassoux Dilemma nennen werden. Humes Skeptizismus besagt, dass die nomologische Notwendigkeit epistemisch kontingent ist: gesetzgleiche Notwendigkeiten beruhen auf kontingenten Fakten. Meillassoux' Rationalismus besagt, dass die nomologische Kontingenz logisch notwendig ist: die Kontingenz der Gesetze wurzelt in der Vernunft (Meillassoux' »Prinzip der Faktualität«). Meillassoux' spekulative Auflösung dieses Dilemmas ist eine *Ontologisierung des Skeptizismus*: Während Humes Empirismus die »geheimen Kräfte« (zureichenden Gründe) der Dinge für unerkennbar hielt, weil die Kontingenz der Fakten die Notwendigkeit der Gesetze zunichtemacht, hält Meillassoux' Rationalismus sie für erkennbar, weil die Kontingenz der Fakten das einzige Gesetz *ist*. Die Abwesenheit von Gründen für uns verwandelt sich in einen Ungrund (eine Unvernunft) in den Dingen. Weil diese Unvernunft ein positives Merkmal der Dinge an sich ist, ist die Natur notwendigerweise diskontinuierlich. Die Forderung nach explanatorischer Kontinuität zwischen verschiedenen Bereichen der Realität (physikalisch, biologisch, psychologisch, kosmologisch, etc.) wird zu einem empirischen Vorurteil, das der rationalen Erkenntnis weichen muss, dass die Diskontinuität notwendig ist; es gibt keine Erklärungslücken, sondern nur ontologische Emergenzen:

---

105 Wolfendale 2014, S. 124

Solange die Vernunft mit dem Denken der Konstanz von Gesetzen gleichgesetzt wird, wird es unmöglich sein, rational über den Anbeginn des Lebens in der Materie nachzudenken, weil nicht verstanden werden kann, wie das Leblose eine qualitative Mannigfaltigkeit von Affekten und Wahrnehmungen aus einer bestimmten molekularen Geometrie‘ hervorbringen kann. [...] Dieser wesentliche Überschuss des Lebens und Denkens über die Materie deutet auf einen Einschnitt hin, der jede Kontinuität abreißen und dem Göttlichen und der Seele die Freiheit lässt, den entstandenen Abgrund zu füllen. Doch solche ›Mysterien‹ fallen in sich zusammen, sobald die qualitative Komponente des Lebens mit dem Anbeginn eines Universums von Fällen zusammenfällt, das im vorhergehenden Universum in keinster Weise enthalten war. Ein solches Universum gibt uns den Anbeginn einer reinen Neuheit, deren mögliche reguläre Übereinstimmung mit materiellen Komplexen nicht den radikalen Exzess auslöscht, der in den affektiven Qualitäten des Leidens oder Jubelns und in der Mühsal des Lebens oder des Bewusstseins liegt. Damit erkennen wir, dass die Qualitäten der affektiven und wahrnehmenden Welt des Lebens unmittelbare Zeichen dafür sind, dass das Werden das Neue aus dem Nichts entstehen lässt. Weder Schmerz noch Lust gehen ihrer Effektuierung im Lebendigen voraus, weil das Leben selbst den materiellen Komponenten, die seinen Anbeginn begleiten, nicht vorausgeht.[106]

---

106 Meillassoux 2011, S. 180.

Was Meillassoux hier affirmiert, ist der absolute Überschuss der Wirkung über die Ursache: Die empirische Konstanz ist keinem Gesetz untergeordnet, das den zureichenden Grund gewähren könnte, durch den die Existenz der Wirkung aus der Existenz der Ursache abgeleitet werden könnte. Daher können weder Ursache noch Wirkung logisch koordiniert werden: ihre Entzweiung und ihre Verbindung sind gleichermaßen begründbar. Der Abwesenheit gesetzgleicher Kontinuität *innerhalb* der Bereiche des Seins – physikalisch, biologisch, psychologisch, kosmologisch – entspricht die Abwesenheit gesetzgleicher Kontinuität *zwischen* den Bereichen des Seins, vom physikalischen zum biologischen, vom biologischen zum psychologischen, usw. Es gibt also keine Kontinuität zwischen Meillassoux' »Welten« (Materie, Leben, Denken, Gerechtigkeit). Der Anbeginn des Lebens ist eine anomale Neuordnung der leblosen Materie, die das Leben aufrecht erhält; der Anbeginn des Denkens ist die anomale Neuorganisation des nicht denkenden Lebens, das das Denken ermöglicht.[107] Die Wissenschaft hat keine Einheit, weil das Sein nicht

---

[107] »Es könnte sein, dass der Anbeginn des Lebens (die Erscheinung einer versteckten anatomischen Organisation oder kognitiven Aktivität), wie jede radikale Neuheit, mit dem Anbeginn von materiellen Konfigurationen einhergeht, die mit den physikalischen Gesetzen brechen, inmitten derer sie emergieren. Tatsächlich verbietet uns nichts, zu denken, dass der Anbeginn des qualitativen Universums vitaler Inhalte ein und das gleiche sein sollte wie der Anbeginn des materiellen Untergrunds, durch den diese Inhalte in das ihnen vorausgehende Universum eingeschrieben werden. In diesem Fall hätte die Erscheinung der materiellen Organisation des Lebens keinen Grund, den frequenziellen Konstanten der Materie zu gehorchen. Die Konfigurationen des Lebens würden mit den Gesetzen des Zufalls brechen, weil sie keinesfalls die möglichen Fälle *der* Materie

Eins (nicht-Alles) ist: es kann nicht die *eine* (metaphysische oder empirische) Wissenschaft geben, die alles, was ist, restlos beschreiben und erklären könnte.

Aus der intelligiblen Diskontinuität des Seins und der Kontingenz der Gesetze folgt, dass die empirischen Wissenschaften wesentlich deskriptiv sind, weil wissenschaftliche Gesetze und die Erklärungen, die diese ermöglichen, immer mit empirischen Regelmäßigkeiten verhaftet bleiben:

> [...] die Kontingenz der Gesetze manifestiert sich in ihren ursprünglichen Zäsuren, und dies ist es, was die wesentlich deskriptive Methode der empirischen Wissenschaften legitimiert. Genau in diesen Beschreibungen von Konstanz haben die epistemologischen Begriffe des Determinismus und des Probabilismus ihre Berechtigung.[108]

Weil Gesetze Fakten sind, nicht Gründe, umfassen Beschreibungen von Konstanz den Geltungsbereich der Bestimmung eines empirischen Phänomens durch ein anderes, sowie dessen probabilistische Nebenbestimmungen. Weil der Geltungsbereich der wissenschaftlichen Erklärung durch die Ressourcen der empirischen Beschreibung begrenzt ist, wird die logisch-diskursive Erklärung, die sich entlang der Unterscheidungen zwischen epistemischer und alethischer Modalität artikuliert – zwischen der Notwendigkeit und Kontingenz unseres Wissens und der Notwendig-

---

wären, sondern eher das Korrelat *innerhalb* der Materie der *ex nihilo* Erscheinung von vitalen Inhalten.« Meillassoux 2011, S. 183-184.

108 Meillassoux 2011, S. 186.

keit und Kontingenz der Realität –, durch die mathematische Einschreibung der Kontingenz ersetzt, d. h. durch die Behauptung, dass die »Sinnlosigkeit« des mathematischen Zeichens die Realität an sich am besten beschreibt, weil nur dieses deren *faktische* Kontingenz erfolgreich einschreiben kann.[109] Wenn der Wandel der Erklärungen vom Wandel des beschreibenden Vokabulars bestimmt wird, und nicht umgekehrt, dann hat der Wandel der Theorien eine Ursache, aber keinen Grund. Die wissenschaftliche Erklärung läuft der empirischen Beschreibung blind hinterher. Das hat eine sehr wichtige Konsequenz: das Geflecht der obligatorischen begrifflichen Verbindungen, in dem das empirisch-deskriptive Vokabular eingebettet ist, ist abrupten und willkürlichen Neuordnungen ausgesetzt, die selbst nicht begrifflich erfasst werden können. Der Wandel der Begriffe ist ohne Grund: die Neuordnung semantischer Netze kann empirische Anomalien nicht begrifflich erfassen.

Die Faktualisierung der Quiddität

Die Entstehung *ex nihilo* stellt metaphysische und wissenschaftliche Erklärungen vor eine weitere Schwierigkeit. Ontologische Klassifizierungen werden zur Anomalie: Differenzen in ontologischen Strukturen sind nicht länger durch logische Differenzen geregelt; dies ist die *Faktualisierung der Quiddität.* Das bedeutet, dass Differenzen im Sein, z. B. zwischen Materie und Leben (zwischen Belebtem und Unbelebtem), nicht a priori abgeleitet

---

109 Siehe Meillassoux 2019.

werden können. Die Faktualität liefert kein Prinzip, das den Unterschieden zwischen *Arten* von Dingen ein Gesetz geben könnte. Doch wie können wir dann zwischen den Qualitäten der leblosen Materie und den Qualitäten des sinnlichen Lebens unterscheiden? Meillassoux betont hier den schier einzigartigen Charakter der Qualität und verschärft damit das Problem:

> Jede Qualität ist als Qualität ohne Grund, weil keiner ihrer Inhalte auf irgendetwas anderes verweist als auf den Anbeginn ex nihilo seines Seins. [...] Ein Rot ist ohne Grund, weil keine materielle Grundlage uns je sagen kann, inwiefern dieses Rot rot ist. Ein Rot ist ohne Grund, weil vor seinem Anbeginn nichts von diesem Rot in der Welt war, das es begründen könnte, indem es das Rot zu einem Vor-Rot in Beziehung setzte, in dem dieses immer schon enthalten gewesen wäre. [...] Qualität ist ein reiner Fakt, der nur auf sich selbst verweist und als solcher den uneinholbaren Überschuss eines Universums von Fällen (das des Lebendigen) über ein anderes (das der materiellen Konfigurationen) ausstellt. Sie ist gegeben als schiere Existenz, die nicht abgeleitet werden kann und die einzig auf ihre Wirklichkeit verweist. [...] Das Bemerkenswerte daran ist, dass die Inexistenz des Ganzen in der schieren Faktizität der Qualität unmittelbar gegeben ist. Denn die Faktizität der Qualität verweist auf ihren Anbeginn ex nihilo, der seinerseits auf die Abwesenheit eines ursprünglichen Ganzen verweist, aus dem es mit vollkommener Notwendigkeit abgeleitet werden könnte.[110]

---

[110] Meillassoux 2011, S. 181.

Wenn die Inexistenz des Ganzen, wie Meillassoux schreibt, in der »schieren Faktizität« der Empfindung von Röte »gegeben« [*donner*] ist, dann wohl dadurch, dass sie in der Erfahrung direkt wahrgenommen wird. Doch wie kann die Empfindung von Röte, die ja nur die empirische Wahrnehmung einer qualitativen Differenz innerhalb einer Welt ist, das Paradigma sein, das die spekulative (was für Meillassoux auch heißt: rationale) Legitimität von absoluten qualitativen Differenzen *zwischen* Welten begründet? Selbst wenn die Qualität ein reiner Fakt ist, der nur auf sich selbst verweist, bleibt die Frage, wie solche Fakten kognitiv wahrgenommen werden. Das Bewusstsein über eine Qualität ist nicht das gleiche wie das Bewusstsein über eine Qualität *als* diese Qualität, die sie ist. Wenn das Bewusstsein *über* etwas nicht von dem Bewusstsein über etwas *als* etwas unterschieden wird, dann werden Empfinden und Denken kurzgeschlossen. Meillassoux beruft sich auf die »schiere Existenz«, die reine Wirklichkeit der qualitativen Differenz als *präsentierte sie sich selbst.* Die Existenz solcher absoluten, qualitativen Diskontinuitäten allein garantiert nicht, dass diese sich selbst direkt in der Empfindung oder im Denken manifestieren – außer man nimmt an, dass das Bewusstsein über die Röte ausreicht, um das Bewusstsein über die Röte *als* »ein reiner Fakt, der nur auf sich selbst verweist« zu garantieren. Doch Fakten werden *gedacht,* nicht empfunden. Meillassoux scheint die schiere Faktizität der Qualität, ihren Anbeginn *ex nihilo*, als ein ontologisches Gegebenes darzustellen, das sich selbst in der Erfahrung präsentiert. Warum sollten wir durch unsere Erfahrung von der Differenz zwischen dem Belebten und Unbelebten auf die ontologische Diskontinuität stoßen?

Es geht hier nicht darum, Meillassoux' Ablehnung der hylezoistischen Behauptung, dass die Materie in Wirklichkeit lebendig ist, oder der gegenteiligen, eliminativen Behauptung, dass jedes Leben in Wirklichkeit unbelebt ist, infrage zu stellen; er hat sicherlich Recht damit, peremptorische metaphysische Versuche, die Kluft von einer Seite auf die andere zu überbrücken, zurückzuweisen. Es geht darum, dass die Logik seiner Argumentation ein Kriterium der Diskontinuität erfordert, das nicht auf das Register der empirischen Beschreibung zurückgeführt werden kann. Gemäß Meillassoux' eigenem Gedankengang dürfte der Anbeginn *ex nihilo* in Bezug auf die Konstanz, mit der er bricht, empirisch nicht feststellbar sein; denn wenn er empirisch feststellbar wäre, dann wäre er nur ein weiterer, empirisch beschreibbarer Fakt, und keine Manifestation der ontologischen Faktualität, die doch die rein *intelligible* Kontingenz der Fakten sein sollte. Meillassoux erhebt die Vernunft also über die Empfindung, nur um das Denken im nächsten Augenblick wieder in der Anschauung einzuhüllen.

Die modale Kant-Sellars These

Wie Kant lehnt Sellars den modalen Realismus ab, d. h. die metaphysische Behauptung, dass Notwendigkeit und Kontingenz in den Dingen existieren, unabhängig von unserer Repräsentation der Dinge. Doch Sellars versetzt Kants transzendentalem Verständnis der Modalität einen pragmatischen Twist. Wir können die explanatorischen Rahmen, innerhalb derer wir empirische Beschreibungen einsetzen, durch modales Vokabular regulieren. Dadurch können unsere Theorien rational auf die fehlende Reaktionsfähigkeit (d. h. die Anomalien) der Welt reagieren, sodass wir unsere Theorien verändern und die Welt weiter kognitiv (was auch heißt: praktisch) begreifen können. Bedeutungen sind also nicht gegeben, sondern werden gemacht: Wir erschaffen sie im Zusammenspiel mit der Welt und können sie genau aus diesem Grund auch verändern.

Modaler Expressivismus

Der Ausdruck »modale Kant-Sellars These« wurde von Brandom geprägt.[111] Die These besagt, dass das modale Vokabular keine *deskriptive,* sondern eine *expressive* Rolle spielt: es beschreibt keine Eigenschaften von Objekten, sondern es erlaubt uns, zu *sagen*, was wir *tun*, wenn wir Aussagen über Objekte treffen. Der modale Expressivismus besasgt, dass das modale Vokabular Merkmale *explizit* macht, die in der Anwendung jedes gewöhnlichen empirischen deskriptiven Vokabulars *implizit* sind. Jeder empirische, deskriptive Begriff hat modale Konsequenzen: diese sind die notwendigen Voraussetzungen für seine richtige Verwendung, die durch die Anwendung konjunktivischer Konditionale explizit gemacht werden können. Die Voraussetzungen für die richtige Verwendung des empirischen deskriptiven Begriffs »Organismus« werden zum Beispiel durch diese Art von konjunktivischen Konditionalen explizit gemacht:

---

[111] Siehe Brandom 2015.

> Wenn dieser Organismus eine giftige Substanz aufnehmen würde, dann würde er verletzt werden.

Doch die Inferenzen, die von diesen Konditionalen kodiert werden, sind nicht monoton, d. h. sie können durch Hinzufügung einer beliebigen Nebenprämisse verändert werden. Zum Beispiel:

> Wenn dieser Organismus eine giftige Substanz aufnehmen würde, und ein Gegenmittel gegen diese Substanz bekommen hätte, dann würde er nicht verletzt werden.

Alle empirischen deskriptiven Eigenschaften sind »modal involviert«, d. h. sie lokalisieren Objekte in einem Implikationsraum. Dieser Implikationsraum ist das inferentielle Netz, innerhalb dessen Aussagen, die deskriptive Termini einsetzen, die Sprecherin auf andere Aussagen festlegen. Zum Beispiel:

> Dies ist eine Katze → dies ist ein Säugetier → dies ist ein lebendiges Ding.

In Sellars' Worten:

> Nur weil die Ausdrücke, mit denen wir Objekte beschreiben, sogar so grundlegende Ausdrücke wie Worte für die wahrnehmbaren Eigenschaften molarer Objekte, diese Objekte in einem Implikationsraum lokalisieren, beschreiben sie überhaupt, anstatt nur zu bezeichnen.[112]

---

[112] Sellars 1958, S. 306-307.

Beschreibung beinhaltet eine begriffliche Klassifikation (die Charakterisierung von X als Y), in der die Rechtfertigung implizit ist; Bezeichnung dagegen trennt und gruppiert: sie differenziert gemäß einer verlässlichen Reaktionsdisposition, oder was Brandom »RDRD« (*reliable differential responsive disposition*) nennt. Die Beschreibung von X als Y verpflichtet einen dazu, diese Beschreibung zu rechtfertigen, indem man einen Grund angibt, der erklärt, warum es richtig ist, Xe als Y zu klassifizieren. Doch es gehört zum Wesen der Inferenzbeziehungen, innerhalb derer deskriptive Begriffe bestehen müssen, dass sie durch Erklärungen und Rechtfertigungen weiterer Beschreibungen angefochten werden können. Die expressive Rolle alethischen modalen Vokabulars liegt daher darin, diese Erklärungs- und Rechtfertigungszusammenhänge explizit zu machen. Alethisches modales Vokabular erlaubt es uns, zu sagen, was wir tun, wenn wir beschreibendes Vokabular anwenden. Es erklärt, warum die Beschreibung von etwas als A beinhaltet, dass dieses etwas auch als B beschrieben werden muss. Modale Aussagen liefern »Inferenztickets« von einer empirischen Charakterisierung zu einer anderen. Wenn man »A ist notwendigerweise B« sagt, dann sagt man, dass man die Bewegung von der Aussage »Dies ist A« zu der Aussage »Dies ist B« rechtfertigen kann. Wenn man also sagt: »Hunde sind notwendigerweise Säugetiere«, dann sagt man, dass man den Schritt von der Aussage »Dies ist ein Hund« zu der Aussage »Dies ist ein Säugetier« rechtfertigen kann. Wenn wir das anerkennen, dann realisieren wir, dass das sogenannte »Kausalprinzip« – jedes Ereignis hat eine Ursache, auch bekannt als der Satz vom zureichenden Grund – auf materielle

Weise das aussagt, was tatsächlich ein formales Merkmal des Sprachgebrauchs ist; nämlich dass der Gebrauch von »notwendigerweise« oder »möglicherweise« in der Verbindung von deskriptiven Prädikaten in empirischen Aussagen es uns entweder erlaubt oder nicht erlaubt, von »Dies ist A« zu »Dies ist B« zu gelangen. Richtig zu beschreiben heißt auch, zu erklären (einen Grund dafür anzugeben), was man tut, wenn man beschreibt. Daher betont Sellars, dass Beschreiben und Erklären in der begrifflichen Praxis zusammengehören:

> Das Kausalprinzip [...] drückt den Fakt aus, dass Beschreiben und Erklären (vorhersagen, rückvorhersagen, verstehen) zwar unterscheidbar, aber dennoch in einem wichtigen Sinne untrennbar sind [...] Die beschreibenden und erklärenden Mittel der Sprache entwickeln sich Hand in Hand, und wenn man die Suche nach Erklärungen aufgibt, dann gibt man den Versuch auf, die Sprache zu verbessern, Punkt.[113]

Sobald wir verstanden haben, dass jede Beschreibung uns zu einer Rechtfertigung verpflichtet, realisieren wir, dass es kein deskriptives Vokabular gibt, das nicht implizit eine Erklärung darüber beinhaltet, warum Dinge als so und so beschrieben werden. Die Aussage »dies ist rot« verpflichtet zu der Aussage »dies ist farbig«, wobei »Farbigkeit« eine Theorie impliziert, die den Unterschied zwischen farbigen und farblosen Dingen erklärt. Daher ist unsere Beschreibung von etwas *als* rot untrennbar von unse-

[113] Sellars 1958, S. 306.

rem (egal wie unvollständigen) Verständnis des Wesens der Farbe; ein Verständnis, das genau darum korrigiert werden kann, weil sein begrifflicher Charakter uns nicht nur zur Rechtfertigung, sondern zur Suche nach besseren Rechtfertigungen verpflichtet. Die Wechselbeziehung zwischen dem beschreibenden Bewusstsein über etwas und dem erklärenden Verstehen verpflichtet uns dazu, unsere Beschreibungen zu korrigieren, zu überprüfen und zu verbessern, indem wir bessere Erklärungen dafür liefern, warum die Dinge so und so sind. Die deskriptive Dimension des Sprachgebrauchs operiert gemeinsam mit dessen bewertenden und erklärenden Dimensionen, die stetig durch den Gebrauch berichtigt werden müssen. Wer die Erklärung aufgibt, muss auch auf Beschreibung verzichten.

Begriffliche und materielle Modalität

Durch die Aussage, dass modale Inferenzen in den Bedeutungen gewöhnlicher empirischer deskriptiver Begriffe implizit sind, scheint die Grenze zwischen begrifflicher Notwendigkeit und Möglichkeit auf der einen Seite, und materieller Notwendigkeit und Möglichkeit auf der anderen Seite zu verschwimmen. Begriffliche Notwendigkeit und Möglichkeit sind a priori erkennbar; materielle Notwendigkeit und Möglichkeit sind nur a posteriori erkennbar. Legt uns der modale Expressivismus also auf eine Version des synthetischen a priori fest, das aus einer realen Notwendigkeit eine begriffliche macht? Das Dilemma kann wie folgt formuliert werden: wenn die Vernunft die begriffliche Klassifizierung unabhängig von der Erfahrung bestimmt, inwiefern ist sie dann der Erfahrung gegenüber verantwortlich? Wenn die Erfahrung sie unabhängig von der Vernunft bestimmt, inwiefern ist sie dann der Vernunft gegenüber verantwortlich? Wie Brandom zeigt, folgt daraus diese inkonsistente Triade:

1. Die physikalische oder kausale Notwendigkeit und Möglichkeit ist eine Art von begrifflicher Notwendigkeit und Möglichkeit.
2. Physikalische oder kausale Notwendigkeiten und Möglichkeiten müssen empirisch festgestellt werden.
3. Begriffliche Notwendigkeiten und Möglichkeiten können a priori festgestellt werden.[114]

1 und 2 sind nicht kompatibel mit 3; 2 und 3 sind nicht kompatibel mit 1; 1 und 3 sind nicht kompatibel mit 2. Sellars weist 3 zurück: Begriffe sind Regeln, auf die wir uns selbst festlegen, ohne dass wir im Voraus alle Implikationen dieser Begriffe/Regeln kennen. Wir entdecken, welche Verwendungen von empirischen Begriffen korrekt sind durch denselben Prozess, durch den wir entdecken, welche Inferenzen, die diese Begriffe verbinden, korrekt sind. In Sellars Worten:

> Man stellt nicht induktiv fest, dass A physikalisch B impliziert, indem man in seinem stillen Kämmerlein über die vorhergehenden ›Bedeutungen‹ von ›A‹ und ›B‹ theoretisiert. Wenn man induktiv feststellt, dass A physikalisch B impliziert, dann wird der

---

[114] Brandom 2015, S. 185.

> Gebrauch dieser Ausdrücke bereichert (und vielleicht auch anderweitig verändert), sodass ›zu verstehen‹ was man mit ›A‹ und ›B‹ ›meint‹ nun das Wissen darüber ist, dass A physikalisch B impliziert.[115]

Brandom drückt das so aus:

> Um herauszufinden, was die Inhalte der Begriffe, die wir in unseren Beschreibungen der Welt verwenden, wirklich sind, müssen wir herausfinden, was die Naturgesetze sind. Und das ist eine empirische Angelegenheit.[116]

SAGEN UND TUN

Wie wir gesehen haben *sagen* modale Aussagen nicht, dass die physikalische Folgebeziehung zwischen A und B tatsächlich gilt; stattdessen billigen sie ein Inferenzmuster von der Aussage »x ist A« zu der Aussage »x ist B«. Diese Billigung gilt auf der Ebene der Aussage, nicht auf der Ebene der Objekte der Aussage. Sie wird in der diskursiven Praxis ausgedrückt, ohne im Diskurs explizit gesagt zu werden. Durch modales Vokabular können Inferenzmuster also praktisch ratifiziert werden.[117] Es verhält sich zum gewöhnlichen empirischen deskriptiven Vokabular als ein pragmatisches (statt semantisches oder syntaktisches) Me-

---

[115] Sellars 1958, S. 287.

[116] Brandom 2015, S. 186.

[117] Siehe Brandom 2015, S. 140-141.

tavokabular.[118] Wir können durch modales Vokabular also sagen, was wir tun, wenn wir etwas als so und so beschreiben. Die Unterscheidung zwischen Sagen und Tun markiert den Unterschied zwischen semantischer und pragmatischer Inferenz. Denn man kann einen Grund geben, indem man etwas tut, oder indem man etwas sagt. Die pragmatische Ratifizierung einer inferentiellen Notwendigkeit zwischen Behauptungen ist nicht gleich der begrifflichen Ratifizierung von notwendigen Verbindungen zwischen Objekten. Das, was man tut, wenn man etwas sagt, ist nicht gleich dem, was gesagt wird; das, was vom Sagen impliziert wird (pragmatische Inferenz) unterscheidet sich von dem, was vom Gesagten impliziert wird (semantische Inferenz). Wenn man diese Unterscheidung nicht anerkennt, dann kann das metaphysische Konsequenzen haben und zum Beispiel zum idealistischen Fehlschluss führen. Der idealistische Fehlschluss besagt, dass jeder Gedanke über die Welt die Existenz einer Denkerin impliziert, weil es Denkerinnen geben muss, damit es Gedanken über die Welt geben kann. Sellars macht folgende Beobachtung:

> Wir müssen hier, wie anderswo, zwischen dem unterscheiden, worauf wir uns in Bezug auf die Welt durch den Fakt festlegen, dass wir Gründe haben, eine bestimmte Behauptung zu machen, und der Kraft, in einem engeren Sinne, der Behauptung selbst. Der Idealismus verfällt bekannterweise folgendem Fehlschluss: Weil es Geist in der Welt geben muss, damit wir Gründe haben

---

[118] Ibid., S. 49-55.

> können, um Aussagen über die Welt zu treffen, darum ist die Idee einer Welt, die keinen Geist einschließt, sinnlos; die Idee also, dass es auch keinen Geist hätte geben können [...] [Doch] es erhellt den Stellenwert des Geistes im Universum, wenn man aufzeigt, dass man sinnvollerweise von eine Universum sprechen kann, das keinen Geist enthält; genauso wie es den Begriff des Naturgesetzes erhellt, wenn man aufzeigt, dass man sinnvollerweise von einem Universum sprechen kann, in dem es Gleichförmigkeiten gibt, die zwar physikalisch kontingent, aber ohne Ausnahme sind.[119]

Sellars stellt hier eine Analogie zwischen der Beziehung des Geistes zur Natur und der Verbindung zwischen physikalischem Gesetz und physikalischer Notwendigkeit her. Daraus, dass der Begriff der Intelligibilität nicht vom Begriff des Geistes getrennt werden kann, folgt nicht, dass ein Universum ohne Geist nicht intelligibel ist. Daraus, dass der Begriff der physikalischen Notwendigkeit (des physikalischen Gesetzes) Ausnahmslosigkeit impliziert, folgt nicht, dass eine kontingente (nicht gesetzmäßige) Ausnahmslosigkeit nicht intelligibel ist. Aus »X ist intelligibel« folgt »X ist denkbar«, aber nicht »Jemand denkt, dass X intelligibel ist«. Aussagen über Intelligibilität haben keine Aussagen über das Denken der Intelligibilität zur Folge, selbst wenn etwas Intelligibles immer auch gedacht werden kann. Aus »X ist ein Naturgesetz« folgt »X ist ohne Ausnahme«, aber nicht »X ist notwendig«. Behauptungen von Gleichförmigkeit beinhalten keine

---

119 Sellars 1958, S. 301.

Behauptungen von Notwendigkeit, selbst wenn deren Notwendigkeit in bestimmten Fällen festgestellt werden kann.

Sellars zeigt uns hier einen anderen Ausweg aus dem korrelationistischen Dilemma. Erinnern wir uns, dass der starke Korrelationismus, gegen den metaphysischen Realismus, jedes dogmatische Absolute relativieren muss, indem er sich auf den Zirkel der Korrelation beruft: jedes Absolute ist gegeben. Gegen den spekulativen Idealismus jedoch muss er auch die Korrelation entabsolutieren, indem er auf deren Faktizität beharrt: die Korrelation hätte auch anders oder nicht sein können. Meillassoux' spekulative Lösung soll uns aus dieser Sackgasse führen: die Faktizität der Korrelation muss verabsolutiert werden, um die Korrelation zu entabsolutieren; nur so kann verhindert werden, dass die Korrelation an und für sich wird. Sellars' Unterscheidung zwischen semantischer und pragmatischer Inferenz erlaubt es uns, Korrelieren und Korrelat, Denken und Gedachtes auseinander zu halten. Aussagen über Kontingenz und Notwendigkeit auf der Ebene des Gedanken-Inhalts müssen von Aussagen über Kontingenz und Notwendigkeit auf der Ebene des Denk-Akts getrennt werden. Der Korrelationismus vermischt eine epistemische Notwendigkeit auf der Ebene des Gedanken-Inhalts mit einer transzendentalen Notwendigkeit als der Beziehung zwischen Denk-Akt und Gedanken-Inhalt. Er hält die notwendige Verbindung zwischen intelligiblem Inhalt und denkbarem Inhalt für eine notwendige Verbindung zwischen denkbarem Inhalt und Denk-Akt. Aber die Abhängigkeit des Gedanken-Inhalts von Denk-Akten ist keine notwendige Verbindung. Sie ist, wie Hegel erkannte, eine Ungeteiltheit, die auch eine Teilung ist, keine einszu-eins Korrelation. Akt und Inhalt sind unterschiedliche Facetten einer einzigen, unteilbaren Realität, die von Hegel treffend als das Zusammengehen von Spaltung und Vereinigung beschrieben wurde. Man kann sagen, dass die Unterscheidung zwischen semantischer und pragmatischer Inferenz der Korrelation inhärent ist, weil das, was die pragmatische Inferenz tut – die Kraft der Behauptung, verstanden als das, was von dem Tun impliziert wird, das mit dem Sagen einhergeht – als der Inhalt einer weiteren Behauptung ausgesagt werden kann. Sie ist ein repräsentierbares Geschehen in der Welt. In diesem Sinne ist sie die implizite Unterseite des explizit ausgedrückten Inhalts. Doch auch dieses Tun hat eine Unterseite, und zwar den durch das Sagen ausgelösten, nicht-intentionalen Akt als das, was seine Wiedereinschreibung auf der Ebene des semantischen Inhalts übersteigt. Das, was man tut, wenn man etwas sagt, kann in einem anderen Sagen nur teilweise wieder eingefangen werden. Der Überschuss oder Rest ist das Inferieren als *Akt* (nicht als intentionale Handlung): die nicht-semantische Kehrseite des pragmatisch inferierbaren propositionalen Inhalts. Die Unterscheidung zwischen pragmatischer und semantischer Inferenz deckt sich nicht mit der Unterscheidung zwischen Repräsentieren [*representing*] und Repräsentiertem; denn das Tun, das durch die pragmatische Inferenz bewirkt wird, beruht auf einem Akt, der nicht im Raum der Gründe stattfindet. Das Inferieren geschieht durch ein Repräsentieren, das nicht am Spiel des Gebens und Verlangens von Gründen teilhat. Daher weist Sellars'

Aussage, dass das Inferieren ein Akt[120] ist, auf eine transzendentale Exteriorität hin, die der Korrelation zwischen Geist und Welt inhärent ist: es ist die Differenz zwischen Repräsentieren und Repräsentiertem, die von Sellars in die Natur, transzendental verstanden als der Bereich des Seins-im-Akt, eingeschrieben wird.[121] Das epistemische Primat der Korrelation zwischen Geist und Welt wird auf der Ebene der denkbaren Inhalte beibehalten, hat seinen Grund jedoch in der formalen Unterscheidung zwischen repräsentierendem Akt und repräsentiertem Inhalt, sodass das, was auf der Ebene des semantischen Inhalts wahrhaft repräsentiert wird, der phänomenale Aspekt des Repräsentierens-an-sich ist. Weil sie ihre Instantiierung in den diskursiven Praktiken sprachbegabter Tiere nicht transzendiert, ist die epistemische Korrelation kontingent (sprachbegabte Tiere hätten auch nicht evolvieren können); doch sie ist nicht *notwendiger-*

---

[120] Sellars verwendet das Wort »Tun« anstelle von »Akt«. Er schreibt: »›Wahr‹ ist ein Zeichen dafür, dass etwas getan werden muss, denn das Inferieren ist ein Tun« (Sellars 1991, S. 206). Das kann so interpretiert werden, dass Sellars einfach auf die Verbindung zwischen Sagen und Tun hinweist, die von Brandom weiterentwickelt worden ist. Demnach muss man, wenn man sagt, dass etwas »wahr« ist, eine Behauptung aufstellen und ist verantwortlich für deren Rechtfertigung. Man bewegt sich also im Raum der Gründe. Was ich hier herauszuarbeiten versuche, ist, dass Brandoms sehr erhellendes expressivistisches Verständnis der Sagen/Tun-Dublette Sellars eigene naturalistische Betonung der Substruktur des Tuns, d. h. der nichtpropositionalen Substruktur des Repräsentierens-an-sich, eher vernachlässigt.

[121] Diesen Punkt kann ich hier nicht weiter ausführen, ich bin jedoch der Meinung, dass er eng mit Sellars' ansonsten überraschender Metaphysik des von ihm so genannten »reinen Prozesses« zusammenhängt. (Siehe Sellars 1981)

weise kontingent. Die spekulative Verdopplung ist ungerechtfertigt. Die Kontingenz der Korrelation wird entabsolutiert, ohne dass die Korrelation wieder als ein notwendiges Sein verabsolutiert würde.

Meillassoux könnte natürlich entgegnen, dass wir damit nur zum Hegelianischen Stadium des korrelationistischen Dilemmas zurückgekehrt sind: was wir eben als die »Trennung-in-Einheit« von Akt und Inhalt beschrieben haben, sei nichts anderes als eine verkappte Version von Hegels verabsolutierter Korrelation. Die Trennung von Akt und Inhalt, die Sellars als die formale Unterscheidung zwischen Repräsentieren und Repräsentiertem versteht, impliziert, dass Innen und Außen als Aspekte einer noumenalen Identität voneinander abhängig sind, und dies sei, so lautet der Einwand, nichts anderes als eine Grundbeziehung. Diese wechselseitige Abhängigkeit impliziere Notwendigkeit. Daher sei das, was wir hier als eine Sellars'sche Alternative zum spekulativen Materialismus vorschlagen wollen – sozusagen das fünfte Stadium nach dem schwachen Korrelationismus, dem spekulativen Idealismus, dem starken Korrelationismus und dem spekulativen Materialismus – nichts anderes als ein verhüllter spekulativer Idealismus. Dieser Einwand ist vorhersehbar, hat allerdings zwei Schwachstellen. Erstens behandelt er Notwendigkeit und Kontingenz weiterhin als materielle modale Metakategorien. Dadurch wird deren expressive Funktion reifiziert und als eine Eigenschaft der Dinge behandelt – sogar abstrakter Dinge wie der Korrelation selbst – und nicht als eine Weise zu sagen, was wir tun, wenn wir über Dinge sprechen. Die Reifizierung der Modalität schreibt das metaphysische Denken fort, das der spekulative Materialismus eigentlich überwinden wollte. Zweitens ignoriert dieser Einwand, dass die Korrelation laut der oben ausgeführten Sellars'schen Alternative durch eine transzendentale Exteriorität bedingt ist, die jedoch nicht transzendent ist, sondern immanent: was der Korrelation von Denken und Ding auf der Ebene des repräsentierbaren Inhalts zugrunde liegt, ist das nicht-korrelierte Reale der an sich agierenden Natur, die sowohl repräsentierende als auch nicht-repräsentierende Akte umfasst. Deren Wirklichkeit ist unabhängig von den Aspekten der Welt, die in der Gegenwart als wirklich repräsentiert werden. Darin liegt ist Sellars' transzendentaler Naturalismus.

Die Mittel der semantischen Produktion ergreifen

Jedes Sagen ist eine Art des Tuns, doch nicht jedes Tun ist eine Art des Sagens. Sellars unterscheidet nicht nur zwischen begrifflichen und nicht-begrifflichen repräsentierenden Akten (letztere werden von ihm als »Sinneseindrücke« bezeichnet), sondern behauptet auch die Existenz von Repräsentieren-an-sich, deren angemessene begriffliche Charakterisierung nicht a priori festgelegt werden kann.[122] Unsere alltäglichen Beschreibungen von Dingen können (teilweise) durch die Postulierung von nicht-begrifflichen Repräsentationskomplexen erklärt werden, deren Eigenschaften sich in ihrer Art von den Eigenschaften der Dinge

[122] Siehe Sellars 1968, S. 1-30, und Brassier 2016.

unterscheiden, die von ihnen begrifflich repräsentiert werden.[123] Daher ist der Unterschied zwischen repräsentierendem Akt und repräsentiertem Inhalt für Sellars nicht gleich dem Unterschied zwischen implizit und explizit. Ein nicht-begriffliches Repräsentieren ist ein Akt, der nicht einfach in einem begrifflichen Repräsentieren implizit ist. Seine Eigenschaften sind die postulierten Gegenstücke zu den Eigenschaften der repräsentierten Objekte, die ihm als Modell dienen; Gegenstücke jedoch, deren Eigenschaften ihre Modelle modifizieren. Daher kann man den Sinneseindruck eines roten Vierecks als einen »roten viereckigen Eindruck« beschreiben, obwohl klar ist, dass die Empfindung selbst weder rot noch viereckig ist. »Röte« und »Viereckigheit« sind Modelle für die Eigenschaften des Repräsentierens (des Empfindens), durch das sie repräsentiert werden. *Was* die postulierten Eigenschaften sind, kann nicht einfach abgeleitet werden; es muss durch empirische Wissenschaft herausgefunden werden. Daher können die Gegenstücke der Eigenschaften des Repräsentierens nicht identifiziert werden, indem man sie explizit macht; dafür braucht es eine Kombination aus a priori Postulaten und empirischer Forschung. Es ist an der empirischen Wissenschaft, uns zu zeigen, was repräsentierende Akte tun, und wie sie es tun.

Sellars‘ Behauptung, dass »die beschreibenden und erklärenden Mittel der Sprache sich Hand in Hand entwickeln«, kommt in diesem Verständnis der Zusammenarbeit von Postulation und Forschung zur Geltung. Dieses erlaubt es uns, zu lernen, inwiefern begriffliche Notwendigkeiten – die praktische Rati-

123 Siehe Brassier 2016 für eine detailliertere Version dieses Arguments.

fizierung von Inferenzmustern – durch nicht-begriffliche Regelmäßigkeiten bedingt sind; oder, anders gesagt, inwiefern linguistische Inferenzmuster durch Tätigkeitsmuster innerhalb und außerhalb des Bereiches der Linguistik bestimmt werden. Indem wir lernen, wie die Tätigkeitsmuster die Inferenzmuster regulieren, und welche Muster in der Natur für welche Muster im Denken verantwortlich sind, lernen wir, die Musterung der Muster [*the patterning of pattern*] zu beschreiben und zu erklären. Die Beschreibung und Erklärung der Interaktion zwischen Repräsentationsmustern und Inferenzmustern erlaubt es uns, die Bedingungen des linguistischen Wandels zu verstehen – und Kontrolle über diesen erlangen. Die praktische Ratifizierung von Inferenzmustern wird einer *theoretischen* Ratifizierung unterzogen. Der Wandel der Bedeutungen von Termen wird Gegenstand rationaler Entscheidungen. Die linguistische Praxis erreicht semantisches Selbstbewusstsein, sodass wir *die Mittel der semantischen Produktion ergreifen können*. Darin liegt die ganze Tragweite dieses längeren Zitats von Sellars:

> Man stellt nicht induktiv fest, dass A physikalisch B impliziert, indem man in seinem stillen Kämmerlein über die vorhergehenden ›Bedeutungen‹ von ›A‹ und ›B‹ theoretisiert. Wenn man induktiv feststellt, dass A physikalisch B impliziert, dann wird der Gebrauch dieser Ausdrücke bereichert (und vielleicht auch anderweitig verändert), sodass ›zu verstehen‹ was man mit ›A‹ und ›B‹ ›meint‹ nun das Wissen darüber ist, dass A physikalisch B impliziert.
>
> Wenn die induktive Festlegung, dass A B verursacht, gleich der Feststellung wäre, dass (in aller Wahrscheinlichkeit) (x) Ax ⊃

Bx, vielleicht als Teil einer Menge von induktiven Schlussfolgerungen, dann spricht kaum etwas dafür, zu sagen, dass die induktive Feststellung, dass A B verursacht, eine empirisch begründete Entscheidung darüber ist, ›A‹ und ›B‹ eine neue Verwendung zu geben. *Wenn es bei dieser Feststellung dagegen, wie ich argumentieren möchte, um die Entscheidung über die Annahme eines neuen Inferenzprinzips geht, dann spricht alles dafür, zu sagen, dass die induktive Feststellung, dass A B verursacht, die Verwendung von ›A‹ und ›B‹ verändert, und zwar tatsächlich in solcher Weise, dass man mit Recht sagen kann, dass diese Termini eine neue ›Bedeutung‹‹erhalten haben.* Zwei Warnungen sind hier angebracht: Erstens verändern sich mit den neuen ›Bedeutungen‹ nicht die expliziten Definitionen. B ist in diesem Sinne nicht ›Teil der Bedeutung von ›A‹‹ geworden. Doch die neue Rolle von ›B‹ und ›A‹ rechtfertigt die Aussage, dass die ›Bedeutung‹ von ›B‹ in der ›Bedeutung‹ von ›A‹ inbegriffen ist; denn sie beide sind jetzt auf eine Weise ›intern verbunden‹, auf die sie es vorher nicht waren.

Zweitens ist die Beziehung zwischen den neuen und alten ›Bedeutungen‹ von ›A‹ und ›B‹ logischer und nicht rein historischer Art; zumindest so lange, wie die Billigung dieses neuen Inferenztickets sich den Charakter einer wissenschaftlichen Entscheidung bewahrt [...]

Das Motto des wissenschaftlichen Zeitalters könnte lauten: *Naturphilosophen haben ›Bedeutungen‹ bisher nur zu verstehen versucht; es kommt darauf an, sie zu verändern.*[124]

---

124 Sellars 1958, S. 287-288, Hervorh. RB.

Semantisches Selbstbewusstsein ist eine kollektive historische Errungenschaft. Wir entdecken, welche Anwendungen empirischer Begriffe korrekt sind durch denselben Prozess, durch den wir entdecken, welche der Inferenzen, die diese Begriffe verbinden, korrekt sind. Der lokale Kreislauf, der auf ontogenetischer Ebene Wahrnehmung mit Inferenz, Inferenz mit Handlung und Handlung mit Wahrnehmung verbindet, ist Teil eines globalen Feedbackloops, der auf phylogenetischer Ebene die kognitive »Weltgeschichte« unserer Spezies ausmacht. Für Sellars wie Hegel werden in dieser Geschichte die Ressourcen für die Begründung von Gründen [*reasoning about reason*] entwickelt, sodass linguistischer Wandel nicht mehr durch Ursachen getrieben, sondern durch die Vernunft gelenkt wird:

> Sobald die Entwicklung der menschlichen Sprache das Stadium verlassen hat, in dem linguistischer Wandel Ursachen, aber keine Gründe hat, und der Mensch die Fähigkeit erlangt hat, seine Gründe zu begründen, dann, und das ist der logische Zweck des Erlangens der Fähigkeit zur Begründung von Gründen, werden durch seine Sprache bestimmte, durch empirische Methoden weder beleg- noch widerlegbare Propositionen formulierbar, die im Herzen der kämpferischen Sprache ein Bild der triumphierenden Sprache zeichnen.[125]

Das Begründen von Gründen ist der geeinte Prozess, durch den wir präskriptive Inferenzen und deskriptive Begriffe korrigieren;

---

125 Sellars 1958, S. 307.

sein Fortschritt hängt von dem ab, was Wittgenstein »Angelsätze« genannt hat: Propositionen, die weder belegt noch widerlegt werden können, weil sie Voraussetzung für Beleg oder Widerlegung eines gegebenen Gegenstands sind.[126] Solche Propositionen drücken die regulativen Ideale aus, die unsere inferentiellen Praktiken anleiten. Doch welches Bild der »triumphierenden Sprache« zeichnen sie? Schwer zu sagen. Was gesagt werden kann, ist, dass die Ideale, um die es hier geht, keine übernatürlichen Phantasmen sind, sondern Handlungsaufforderungen, sodass es für das Ideal konstitutiv ist, dass es im Realen verwirklicht wird. Es geht hier also um die Notwendigkeit einer praktischen Erfordernis, um einen rationalen Drang. Das Denken drängt nach dem, was gedacht werden sollte, vermittelt durch das, was getan werden sollte.

---

126 »D.h. die Fragen, die wir stellen, und unsre Zweifel beruhen darauf, daß gewisse Sätze vom Zweifel ausgenommen sind, gleichsam die Angeln, in welchen jene sich bewegen.« Wittgenstein 1970, S. 29.

QUELLEN

Alain Badiou, *Logiken der Welten*, übers. v. Heinz Jatho und Arno Schubbach, Zürich, Berlin 2010.

Georges Bataille, *Die innere Erfahrung*, übers. v. Gerd Bergfleth, München 1999.

Miguel de Beistegui, *Immanence and Philosophy. Deleuze*, Edinburgh 2010.

Rosi Braidotti, »A Theoretical Framework for the Critical Posthumanities«, in: *Theory Culture & Society* 0(0) 2018.

Robert Brandom, *Reason, Genealogy, and the Hermeneutics of Magnanimity*, Paper, präsentiert zur Howison Lectures in Philosophy Series, University of California, Berkeley 2013.

– *From Empiricism to Expressivism. Brandom Reads Sellars*, Cambridge MA 2015.

– *Im Geiste des Vertrauens. Eine Lektüre der ›Phänomenologie des Geistes‹*, übers. v. Sebastian Koth und Aaron Shoichet, Frankfurt a. M. 2021.

Ray Brassier, *Nihil Unbound. Enlightenment and Extinction*, Basingstoke 2007.

– »Transcendental Logic and True Representings«, in *Glass Bead Journal, Site 0: Castalia, The Game of Ends and Means*, 2016.

Mark Bonta und John Protevi, *Deleuze and Geophilosophy. A Guide and Glossary*, Edinburgh 2004.

Gilles Deleuze, Félix Guattari, *Anti-Ödipus*, übers. v. Bernd Schwibs, Frankfurt a. M. 1977.

– *Tausend Plateaus. Kapitalismus und Schizophrenie*, übers. v. Gabriele Ricke und Ronald Voullié, Berlin 1992.

Gilles Deleuze, *Das Zeit-Bild. Kino 2*, übers. v. Klaus Englert, Frankfurt a. M. 1991.

– *Differenz und Wiederholung*, übers. v. Joseph Vogel, München 1992.

– *Spinoza und das Problem des Ausdrucks in der Philosophie*, übers. v. Ulrich Johannes Schneider, München 1993.

– *Nietzsche und die Philosophie*, übers. v. Bernd Schwibs, Hamburg 2002.

Jacques Derrida, »Fines hominis«, in: ders., *Randgänge der Philosophie,* übers. v. Henriette Beese, Wien 1999.

Ludwig Feuerbach, »Das Wesen des Christentums«, in: ders., *Gesammelte Werke 5*, Berlin 2006.

Isabelle Garo, *Foucault, Deleuze, Althusser, Marx. La politique dans la philosophie*, Paris 2011.

Martin Heidegger, *Sein und Zeit*, Tübingen 1967.

Georg Wilhelm Friedrich Hegel, *Werke Band 3. Phänomenologie des Geistes*, Frankfurt a. M. 1989.

– *Werke Band 9, Enzyklopädie der philosophischen Wissenschaften im Grundrisse. Zweiter Teil. Die Naturphilosophie*, Frankfurt a. M. 1986.

Fredric Jameson, »First Impressions«, in: *London Review of Books*, 2006, 28:17.

Karl Marx, »Grundrisse der Kritik der politischen Ökonomie«, in: MEW Bd. 42, Berlin 1983.

– »Ökonomisch-philosophische Schriften«, in: MEW Bd. 40, Berlin 1968.

– »Thesen über Feuerbach«, in: MEW Bd. 3, Berlin 1976a.

– »Zur Kritik der Hegelschen Rechtsphilosophie. Einleitung«, in: MEW Bd. 1, Berlin 1976b.

Quentin Meillassoux, »Excerpts from L'inexistence divine«, in: ders., *Philosophy in the Making*, Edinburgh 2011, S. 175-238.

– *Nach der Endlichkeit. Versuch über die Notwendigkeit der Kontingenz*, übers. v. Roland Frommel, Zürich, Berlin 2014a.

– *Time without Becoming*, Mailand 2014b.

– *Iteration, Reiteration, Wiederholung. Eine spekulative Analyse des bedeutungslosen Zeichens*, übers. v. Moritz Gansen, Leipzig 2022.

Paul Ricœur, *Die Interpretation. Ein Versuch über Freud*, übers. v. Eva Moldenhauer, Frankfurt a. M. 1974.

Wilfrid Sellars, »Counterfactuals, Dispositions, and the Causal Modalities«, in: Herbert Feigl, Michael Scriven, Grover Maxwell (Hg.), *Studies in the Philosophy of Science, Vol. II: Concepts, Theories, and the Mind-Body Problem*, Minneapolis 1958, S. 225-308.

– *Science and Metaphysics. Variations on Kantian Themes*, London 1968.

– »Foundations for a Metaphysics of Pure Process«, in: *The Monist* 1991, 64, S. 3-90.

– »Truth and ›Correspondence‹«, in: ders., *Science, Perception and Reality*, Atascadero 1991, S. 197-224.

Simon Skempton, *Alienation after Derrida*, London, New York 2010.

Italo Testa, »Spirit and Alienation in Brandom's ›A Spirit of Trust‹. Entfremdung, Entäußerung, and the Causal Entropy of Normativity«, in: Gilles Bouché, *Reading Brandom. On ›A Spirit of Trust‹*, London 2020.

Ludwig Wittgenstein, *Über Gewißheit*, Frankfurt a. M. 1970.

Pete Wolfendale, »The Necessity of Contingency«, in: Peter Gratton, Paul J. Ennis (Hg.), *The Meillassoux Dictionary*, Edinburgh 2014, S. 121-124.